Coleção Dramaturgia

MATÉI
VISNIEC

Biblioteca teatral

Impresso no Brasil, julho de 2012

Título original: *Théâtre Décomposé ou l'Homme-Poubelle*
Copyright © Editions l'Harmattan

Os direitos desta edição pertencem a
É Realizações Editora, Livraria e Distribuidora Ltda.
Caixa Postal: 45321 · 04010 970 · São Paulo SP
Telefax: (5511) 5572 5363
e@erealizacoes.com.br · www.erealizacoes.com.br

Editor
Edson Manoel de Oliveira Filho

Gerente editorial
Gabriela Trevisan

Preparação de texto
Maria Alexandra Orsi

Revisão
Danielle Mendes Sales e Liliana Cruz

Capa e projeto gráfico
Mauricio Nisi Gonçalves / Estúdio É

Diagramação
André Cavalcante Gimenez / Estúdio É

Pré-impressão e impressão
Gráfica Vida & Consciência

Reservados todos os direitos desta obra. Proibida toda e qualquer reprodução desta edição por qualquer meio ou forma, seja ela eletrônica ou mecânica, fotocópia, gravação ou qualquer outro meio de reprodução, sem permissão expressa do editor.

Teatro
Decomposto *ou*
O Homem-Lixo

Textos para um espetáculo-diálogo de monólogos

MATÉI Visniec

TRADUÇÃO: LUIZA JATOBÁ

SUMÁRIO

Matéi Visniec ou Sobre a Decomposição | 7

Aviso | 9

1. O HOMEM NO CÍRCULO | 11
2. O HOMEM DO CONSERTO | 15
3. VOZ NA ESCURIDÃO (I) | 19
4. O HOMEM DO CAVALO | 21
5. O ADESTRADOR | 25
6. O FILÓSOFO | 29
7. O HOMEM DA MAÇÃ | 33
8. VOZ NA ESCURIDÃO (II) | 35
9. A LOUCA TRANQUILA | 41
10. A LOUCA FEBRIL | 43
11. A LOUCA LÚCIDA | 45
12. VOZ NA LUZ OFUSCANTE (I) | 47
13. O HOMEM-LIXO | 59
14. O LAVADOR DE CÉREBROS (I) | 63
15. VOZ NA ESCURIDÃO (III) | 67
16. O LAVADOR DE CÉREBROS (II) | 69

17. O COMEDOR DE CARNE | 71

18. O LAVADOR DE CÉREBROS (III) | 75

19. O CORREDOR | 79

20. O HOMEM DO BESOURO | 83

21. O MÁGICO | 87

22. VOZ NA LUZ OFUSCANTE (II) | 93

23. O MORADOR DE RUA | 99

24. O HOMEM NO ESPELHO | 107

MATÉI VISNIEC OU SOBRE A DECOMPOSIÇÃO

Matéi Visniec, com esta obra original, propõe uma série de quadros, como Mussorgski em sua célebre suíte *Quadros de uma Exposição*. Assim como o grande compositor russo, o interesse vem da variedade do conjunto ao qual Visniec, em sua modernidade, imprime uma liberdade ainda maior. O autor entrega o material para o diretor construir seus encadeamentos e alternâncias, segundo uma lógica a ser inventada a cada vez. Isso nos lembra de uma grande obra da modernidade, *Woyzzeck*, de Büchner, cujos fragmentos podem ser combinados segundo o roteiro elaborado pelo diretor. O que em Büchner foi um acidente biográfico, em Visniec é um verdadeiro programa. Tal liberdade, entretanto, não é apenas monopólio do diretor; o leitor também pode selecionar, pular, enfim, fazer seu próprio caminho. E isso se mostra um verdadeiro "modo de usar" que foge das indicações do escritor para encontrar uma ordem que, escusa dizer, favorece uma melhor fruição, por ser mais orgânica e menos explícita. O teatro é "decomposto" para se deixar "compor" por aquele que o descobre.

Visniec, mestre da escritura lacônica e do pequeno formato concentrado, mais que fragmentos, escreve verdadeiras mônadas – textos autônomos, redondos, "quadros de uma exposição". Detesta o inacabado e cultiva o texto realizado, cuidado, polido como uma pedra com suas asperezas limadas, a fim de que o enigma apareça e a perturbação se instale. Isso não o impede de proceder a verdadeiros exercícios de estilo que nos permitem, como numa exposição, detectar temas surrealistas ou diálogos cuja semelhança com Mrozek e certos procedimentos do absurdo não se dissimulam. Visniec revisita suas afinidades e apresenta suas descobertas. Finalmente, este texto é também uma espécie de autorretrato de um artista de múltiplas faces, como um quadro do primeiro período cubista. Visniec "decompõe" a si mesmo para podermos compor uma identidade cuja pluralidade deve ser mantida.

Aqui a "decomposição" não se contenta em construir uma ordem e um retrato, e sim em tocar diretamente a matéria viva do cotidiano. O tema é recorrente, e assim Visniec consegue construir um duplo registro que, além dos problemas de estrutura, nos revela a iminência de uma desagregação, dessa vez "física". Constrói um verdadeiro bestiário com caracóis, ratos e rãs, insetos como baratas e besouros – bestiário cuja multiplicidade provoca inquietação, pois o avanço dessas legiões devoradoras só pode levar à "decomposição" da carne. Assim, em Visniec, o "teatro decomposto" encontra sua razão secreta no que mais angustia: "o homem decomposto". A unidade da obra vem dessa articulação. Seu duplo também, pois se ela começa afirmando as virtudes reconfortantes do isolamento num círculo, tudo que se segue mostra os limites próprios desse refúgio. No entanto, às vezes até acreditamos... Mas Visniec faz a cada vez a constatação de ilusões similares que desmoronam depois do trabalho incansável dos cupins que acabam por aniquilar o corpo, assim como por quebrar veleidades protetoras do círculo. Não há abrigo contra "a decomposição".

Georges Banu

AVISO

Os textos aqui reunidos são, na verdade, módulos para composição teatral. Nenhuma ordem é imposta pelo autor.

São como pedaços de um espelho quebrado. Houve uma vez o objeto em perfeito estado. Ele refletia o céu, o mundo e a alma humana. E houve, não se sabe quando nem por quê, a explosão. Os pedaços de que dispomos hoje fazem parte sem dúvida da matéria original. E é nesse pertencimento à matéria original que reside sua unidade, seu perfume, sua identidade de atmosfera.

De resto, o jogo consiste em tentar reconstituir o objeto inicial. Mas o fato é que é impossível, uma vez que o espelho original jamais foi visto e não se sabe como era. Talvez faltem alguns pedaços... No entanto o jogo é fascinante, pois cada vez que reunimos os módulos disponíveis, construímos algo, de qualquer modo. Um espelho que nunca é perfeito, mas que reflete muita coisa... Esse jogo não tem fim. Pode até permitir aos atores procurar, a cada espetáculo, uma outra história, um outro espelho...

Com esses monólogos, que convidam a construir um conjunto, o autor quis impor ao diretor uma única restrição: a liberdade absoluta.

Matéi Visniec

O HOMEM NO CÍRCULO

Se quero ficar sozinho, paro, tiro o giz preto do meu bolso e traço um círculo à minha volta. Dentro do meu círculo, encontro abrigo. Ninguém tem o direito nem o poder de me dirigir a palavra se eu estiver dentro do meu círculo. Ninguém tem o direito nem o poder de entrar, de me tocar ou de me olhar por muito tempo.

Quando estou dentro do meu círculo, não escuto mais o barulho da rua, as ondas do mar ou o canto dos passarinhos. Posso ficar lá, sem me mexer, o tempo que quiser. Nada mais que acontece à minha volta me interessa. O círculo me isola do mundo exterior e de mim mesmo. É a felicidade total, é a paz.

Dentro do círculo não se sente mais frio, dor ou fome. O tempo, ele também para. Mergulha-se na abstração como num sonho protetor. A gente se torna o centro do círculo.

Quando quero sair do círculo, estendo a mão e corto a linha do círculo. Só eu posso fazê-lo. De fora, ninguém pode cortar o círculo para mim. O milagre do círculo consiste na segurança total que ele nos oferece.

Desde que o círculo foi inventado, o mundo ficou melhor. Não há guerra, nem fome, nem catástrofe. A criminalidade diminuiu. É só a náusea nos atingir que traçamos um círculo em volta da gente. É só alguém nos aborrecer que entramos no círculo. Se um ladrão entra em nossa casa à noite, entramos depressa no círculo.

Se depois de uma longa viagem ficamos cansados, é só descansar dentro do círculo. Se não conseguimos responder a alguma questão essencial, o círculo é o melhor lugar para meditar. Se a morte se aproxima e não queremos morrer, podemos vegetar eternamente dentro do círculo.

Não se pode nunca trancar dois no mesmo círculo. Alguns tentaram, mas não deu em nada. Um círculo para dois não existe e estou certo de que não existirá jamais.

Tem gente que tentou levar com eles para dentro do círculo pequenos animais como cães, gatos ou ratos. Mas também não deu em nada. Se dentro do círculo temos a nosso lado um outro ser vivo, o círculo não funciona mais.

Desde que as pessoas se habituaram a usar o círculo, a cara da cidade mudou completamente. Por onde se anda, tem círculo. Há pessoas que gostam de se instalar simplesmente na calçada ou mesmo no meio da rua para traçar o círculo. Há os que passam muitos e muitos dias lá dentro. Nas grandes salas de espera, nas praças públicas, nas estações, só se vê gente engruvinhada, perdida dentro de seus círculos. Isso tudo nos trouxe muito mais silêncio e limpeza.

No começo era preciso um giz magnético preto para poder traçar o círculo. O giz era um pouco caro e a maioria das pessoas não podia comprar. Pouco a pouco o preço do giz foi caindo e até giz colorido apareceu no mercado. No fim, a prefeitura começou a distribuir giz grátis para a população.

Hoje se sabe que não se precisa nem mesmo de giz para traçar um círculo em volta de si mesmo. O círculo pode ser desenhado com qualquer coisa: um toco de lápis, um batom, uma ponta de faca, uma agulha ou até mesmo com a unha.

Todo mundo é da opinião de que o círculo representa a panaceia de todos os tempos. É fim de milênio e ninguém mais é infeliz.

As pesquisas mostram que os habitantes da cidade passam mais de cem dias por ano no seu círculo. Foi feito um recenseamento daqueles que não saíram do círculo por cinco anos, dez anos, vinte anos. Sem dúvida tomaram gosto pela eternidade.

Mas não deixo de me inquietar com boatos que correm pela cidade nos últimos tempos. Dizem que os círculos escondem uma armadilha, que a gente entra algumas vezes para nunca mais sair. Fala-se de gente que ficou bloqueada no círculo contra a própria vontade. Dizem que os que vivem dentro de seu círculo por mais de dez ou vinte anos são, na realidade, prisioneiros. Fala-se até que, já faz algum tempo, a maior parte dos círculos não obedece mais aos homens. Dizem haver muitas pessoas que, uma vez cercadas, descobrem que não podem mais reabrir suas jaulas.

Dizem até que não sairão jamais.

O HOMEM DO CONSERTO

A guerra acabou. Soou a hora de recolher e de enterrar os cadáveres.

Temos muitas máquinas que recolhem e enterram os cadáveres. Desse jeito é mais rápido. Os cadáveres estão espalhados por uma superfície muito grande e é por isso que inventamos as máquinas que recolhem e enterram os cadáveres.

A recolhedora-enterradora faz um trabalho muito limpo e muito seguro. Primeiro ela identifica o corpo. Isso quer dizer que ela separa os cadáveres dos vencidos dos cadáveres dos vencedores. Em seguida, pesa o corpo, toma as medidas, tira as roupas e o lava. Faz um buraco e fabrica um caixão de plástico. Feito isso, introduz o corpo no caixão e o caixão no buraco. Durante esse tempo o alto-falante da máquina emite uma oração cujo conteúdo é cuidadosamente escolhido em função da religião do defunto. Depois de ter preenchido o buraco, a máquina enfia uma cruz ou uma pedra ou qualquer outro símbolo apropriado para marcar o túmulo. Finalmente a máquina embrulha as roupas do soldado, redige uma carta e envia o pacote aos pais do herói.

A máquina é inteiramente automática. Tem uma autonomia de algumas semanas. Adapta-se a todos os desníveis do terreno, mergulha nos rios e no mar, percorre as florestas em ziguezague e escala as montanhas. Pode até voar para interceptar cadáveres aéreos. Se por acaso ela para de funcionar, o homem do conserto é avisado por uma mensagem de rádio que especifica a posição da máquina.

Eu mesmo sou um desses homens, sou o homem do conserto. Moro dentro da minha reparadora. Gozo de relativo conforto com uma pequena cozinha, livros e uma filmadora. A maior parte do tempo eu como, vejo filmes de guerra e espero as mensagens das máquinas que entram em pane. Quando uma máquina que recolhe e enterra os cadáveres manda um SOS, presto socorro imediato. Para ser franco, não tenho muito o que fazer. A reparadora faz tudo sozinha. Eu me contento em controlar as operações de dentro de minha máquina. Às vezes, espero dias a fio até que uma máquina que recolhe e enterra cadáveres quebre. Para mim, é uma alegria ser chamado para socorrer e ter assim a ocasião de me exercitar um pouco.

Às vezes contemplo paisagens verdadeiramente magníficas. São quase sempre montanhas as que me agradam. Um pôr do sol nas montanhas, não tem nada mais bonito no mundo. Acontece até de eu tirar umas fotos.

Mas meu grande prazer é escrever poeminhas sobre a grandiosidade dos lugares visitados. Foi pouco a pouco que eu fui descobrindo em mim o dom e o gosto da poesia. Engraçada essa necessidade de colocar no papel os sentimentos que temos diante da natureza.

Tenho agora quase mil poemas sobre passarinhos, árvores, rochedos, o vento, a neve, a lua, as estrelas, as nuvens, os arco-íris, a relva, a pradaria ou mil outras coisas ainda.

Adoraria publicá-los um dia.

VOZ NA ESCURIDÃO (I)

– *Senhor!* – Sim? – *Este animalzinho com quatro bocas é seu?* – É meu, sim. – *É isso mesmo que estou vendo? Ele está mordiscando os dedos do meu pé, é isso?* – É isso mesmo, ele está sempre com fome. – *Nunca vi criatura igual.* – Creio que é o último de sua espécie. – *Estranho. Ele está mordendo minha panturrilha e não estou sentindo absolutamente nada.* – Ele é assim, é muito delicado em tudo o que faz. – *Mas o que é que ele come normalmente?* – Carne, senhor, come carne viva. – *E você acredita que ele vai me comer inteirinho?* – Sim, senhor, quando ele começa a morder, ninguém segura. – *Espero que você não o traga para passear com muita frequência.* – Não muito, uma ou duas vezes por ano. – *Pelo jeito não foi uma boa ideia fazer esse caminho.* – O senhor tem insônia? – *Nunca consigo dormir antes de quatro da manhã. Trauma de guerra. Fui médico militar.* – Ah! Já eu trabalhava no departamento de suprimentos sanitários. – *Meu nome é Kuntz, doutor Kuntz.* – Muito prazer, me chamo Bartolomeu. – *Mas como ele pode engolir um homem com tanto prazer?* – É o barato dele. Começa pelas bordas... – *Isso posto, a coisa avança com uma velocidade...* – É que o senhor é um homem bem tranquilo. Tem uns que fazem aquele escândalo e ele não gosta nem um pouco. – *Quanto tempo tenho de vida?* – Mais ou menos cinco minutos. – *Tenho um maço de cigarros no meu bolso. Será que você me acenderia um?* – Claro. – *Obrigado.* – Algo mais? Um recado para sua mulher? – *Não, sou sozinho no mundo.* – É dura a solidão. A mim também a solidão angustia. – *Sim, mas o senhor tem seu animalzinho...* – Nem te conto como é difícil de alimentá-lo. – *Ele está chegando no meu sexo.* – Já tentei de tudo. Quis que ele se tornasse vegetariano... – *Ah, como me sinto leve! Está chegando no meu coração.* – Quis ensiná-lo a beber água. O senhor acredita que ele nunca se aproxima de água? – *Tá chegando no meu pescoço.* – Na verdade, se o senhor reparar bem, ele vive sem respirar. – *Está me olhando diretamente dentro dos meus olhos. O senhor acha que ele está prestes a me arrancar a língua?* – Sim, mas ele jamais esquecerá de suas palavras.

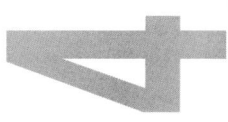

O HOMEM DO CAVALO

Estou só no meu quarto e escuto Corelli. Desde que o cavalo parou na frente do meu prédio, não sou mais eu mesmo.

Tudo começou quando a proprietária me avisou, há duas semanas, que um cavalo me esperava na frente de casa. "É impossível, senhora, não tenho cavalo nenhum", respondi. "Tem sim, tem sim. É você que ele está esperando", ela insistiu, me empurrando para a janela. Foi aí que de fato perdi a parada, por não ter sido mais firme. Sim, era verdade, havia um cavalo em frente ao prédio. Mas dava a impressão de estar completamente indeciso e, mesmo se seu olhar se dirigia vagamente para o terceiro andar, onde se encontram minhas janelas, ninguém no mundo poderia afirmar que ele mirava precisamente minhas janelas.

Foi somente quando saí na rua que o cavalo começou a me despertar uma estranha curiosidade. Ele me seguia por todo canto. Se eu entrava num café, ele me esperava, pacientemente, plantado diante do café. Se eu ia ao mercado, ele me acompanhava ao mercado; se eu ia passear num parque, ele trotava atrás de mim no parque. Tenho que reconhecer que ele jamais me aborreceu nas minhas saídas e sempre manteve uma distância respeitosa de mais ou menos quatro metros atrás de mim. E talvez até poderia ignorar sua presença, se as pessoas não tivessem comentado tanto.

"Oh, que lindo cavalo o senhor tem!", disse-me, desde o primeiro dia, a senhora Cantonnelli. Toda vez que eu comprava pão, o senhor Falabrègues, o padeiro, me perguntava: "E para o senhor cavalo, nada?". Quando comprava o jornal, o jornaleiro punha a cabeça para fora de sua banca e olhava por cima de meus ombros. "Que espécime da natureza, meu Deus, que espécime!", murmurava ele. Já o senhor Kuntz, dono do meu café preferido, saía para lhe dar água, cada vez que eu entrava para beber uma cerveja. "Pronto, chefe, tá feito", me dizia depois, com um sorrisinho de cumplicidade.

Tentei explicar a todos que não era "meu cavalo": eu não tinha nada a ver com aquele cavalo. Na minha família, ninguém nunca teve cavalo. Nunca nem fomos ao Jóquei Clube fazer apostas. Se o cavalo me seguia, era mero acaso e afinal de contas isso poderia acontecer com qualquer um. O cavalo simplesmente estacionou em frente ao prédio onde moro, só isso. É verdade, ele olhava bastante para minhas janelas, mas isso não queria dizer nada. O que me espantava na verdade é que ninguém nunca considerou avisar a polícia ou os bombeiros. Ninguém nunca viu um cavalo perambular assim pelas ruas de uma cidade? Tudo certo com cachorros e gatos e até mesmo com outros animais pequenos, mas um cavalo? E, além do mais, um cavalo branco...

Mas ninguém se dispôs a me escutar com seriedade. Depois da primeira semana, comecei a achar que essa história com o cavalo estava ficando bem incômoda para mim. Tentei falar com a prefeitura. Mas lá também ninguém sabia o que fazer. Não havia instruções definidas sobre o que fazer com cavalos brancos perambulando pela cidade. E se ele continuasse assim, sem fazer mal a ninguém e sem perturbar a ordem pública, disseram, o animal tinha todo o direito de vaguear pelas ruas e até mesmo de escolher seu dono.

No começo da segunda semana, ficou claro para todo mundo, e até mesmo para mim: o cavalo tinha se afeiçoado profundamente à minha pessoa. Assim que eu chegava em casa, o cavalo se instalava diante da porta e não parava de olhar minhas janelas. Eu também olhava para ele, escondido atrás da cortina. Ele fixava exclusivamente minhas janelas. Era como se seus grandes olhos incansáveis esperassem uma resposta. Às vezes, eu acordava à noite para dar uma espiada na rua. Lá estava o cavalo branco, a noite inteira, de pé na calçada, sempre obcecado pelas minhas janelas. Nunca dormia, nunca relinchava. Se alguém do prédio lhe dava um pouco de cevada, ele mastigava em silêncio sem qualquer precipitação, com uma dignidade admirável.

Agora estou no meu quarto e escuto Corelli. Não suporto mais as alusões maledicentes. Por isso não saio mais. Todos estão contra mim. Mesmo os vizinhos do prédio. Toda manhã a proprietária bate na minha porta e me convida para ir tomar café na sua casa. Ela me olha com uma curiosidade que me deixa possesso. O que procura encontrar no meu rosto? Por que essa voz adocicada? E por que ela sempre termina me perguntando quais são minhas intenções?

O senhor Devin, meu vizinho, me telefona do escritório toda hora para perguntar se não preciso de nada. A senhorita Matilde decidiu colocar o jornal debaixo da minha porta, todo os dias. O zelador me chama a todo momento pelo interfone para me fazer perguntas absurdas. Na última vez, ele exclamou: "Ah, então quer dizer que o senhor ainda está aí?".

Há aqueles dias em que até os transeuntes param na frente de casa. Param atrás do cavalo e ficam com os olhos grudados nas janelas. Decididamente não consigo compreender tal comportamento. Estou completamente enojado.

Escuto Corelli. Não me aproximo mais da janela.

Faz exatamente três semanas que o cavalo está lá. Começou a emagrecer. A tristeza de seu olhar me faz mal. Esta noite vou tomar uma decisão.

Daqui a meia hora o sol se levanta. Chegou a hora, para mim, de descer.

Bom dia, senhor cavalo. Sempre esperando, sempre sozinho na rua deserta?

Nossos olhares se cruzam em silêncio. Não há mais nada a dizer. Monto nele e saímos da cidade a galope. Está escuro, mas o céu está mais estrelado do que nunca. Cortamos por um campo de trigo. Quanto trigo! Nunca teria imaginado a cidade cercada por tanto trigo.

O ADESTRADOR

Moro sozinho. Sou um pouco obeso e manco do pé esquerdo. Meu nome não tem qualquer importância.

Quando as pessoas me conhecem, logo me convidam para ir à casa delas. Mas eu lhes digo: "Obrigado, senhora, obrigado, senhor, hoje é impossível, quem sabe da próxima vez...".

Mas não haverá uma próxima vez.

No trabalho sou sempre quieto e pontual. Todo mundo pensa que sou de natureza tímida e introvertida, e eu não desminto. Na verdade, passo a maior parte do tempo pensando exclusivamente nos meus animais.

Minha vida verdadeira começa às dez horas da noite, quando se dissipam os barulhos do prédio. É então que abro o quarto acolchoado onde guardo meus animais.

Tenho dez cobras, três tartarugas, uns vinte ratinhos brancos, algumas rãs (elas são tão pérfidas que nunca chego a saber quantas tenho), dois caracóis, um cachorro, três gatos (um gato negro, um gato branco e um gato ruivo), dois galos da Cochinchina, um papagaio, duas rolas, uma família de escorpiões, uma família de coelhos, uns sessenta peixes vermelhos num grande aquário, um ouriço, pelo menos cem joaninhas e trinta borboletas diurnas, esfuziantemente coloridas.

Tenho um animal ainda jovem de uma espécie que não consigo identificar: um tipo de veado com crina de cavalo, vermelho dos lados, negro no peito e branco no pescoço. Quanto mais ele cresce, mais descubro que tem olhos humanos e que sua boca se desenha como uma verdadeira boca de mulher.

Com meus animais, inventei um modo de adestramento único no mundo.

Primeiramente abro todas as gaiolas e falo longamente com eles. Dou-lhes de comer:

> leite morno para as cobras,
> ovos quentes para as tartarugas,
> pão de forma para os ratinhos,
> suflê de queijo para as rãs,
> erva-doce fresca para os caracóis,
> almôndegas de carne para o cachorro,
> canja de galinha para os gatos,
> grãos de milho para os galos,
> caroços de abricó para o papagaio,
> sementes da uva-passa para as rolas,
> arroz cozido para os escorpiões,
> couve para os coelhos,
> pão do campo ensopado em groselha para os
>   peixes,
> avelãs e nozes secas para o ouriço,
> poeira de pólen para as joaninhas,
> mel do bosque para as borboletas.
> Quanto ao veado com crina de cavalo, ele se senta
>   à mesa comigo.

Em seguida tiro a roupa e tomo um banho perfumado. Unto minha pele com uma pomada com cheiro de lavanda. Acendo uma vela e a chama se multiplica ao infinito nos dois espelhos colocados um em frente ao outro nas paredes do quarto. Deito-me então de costas, completamente nu, no meio do quarto. No mais absoluto silêncio, seguindo uma ordem precisa, os animais juntam-se a mim paulatinamente:

> a primeira cobra se enrola em volta de minha perna esquerda,
> a segunda cobra se enrola em volta da minha perna direita,
> a terceira cobra se enrola em volta de meu braço esquerdo,
> a quarta cobra se enrola em volta de meu braço direito,
> a quinta cobra se enrola em volta de meu pescoço,
> a sexta cobra se enrola em volta de meus testículos e de meu sexo,
> a primeira tartaruga sobe no meu joelho esquerdo,
> a segunda tartaruga sobe no meu joelho direito,
> a terceira tartaruga sobe no meu umbigo,
> os ratinhos se escondem na minha barba, como se fosse uma floresta,
> as rãs se amontoam todas na minha barriga,
> os dois caracóis sobem delicadamente e se deitam nos lóbulos de minhas duas orelhas,
> o cachorro se deita a meus pés,
> o gato preto se deita sobre meu ombro esquerdo,
> o gato branco se deita sobre meu ombro direito,
> o gato ruivo se deita na minha careca,
> o primeiro galo da Cochinchina sobe no meu mamilo esquerdo,
> o segundo galo da Cochinchina, no meu mamilo direito,
> o papagaio se encarapita na minha testa,

as rolas, uma na minha face esquerda e outra na
minha face direita,

os escorpiões montam nas plantas dos meus pés
para finalmente se acomodarem entre meus
dedos,

os coelhos se acotovelam sob minhas axilas,

o ouriço senta no meu coração,

as joaninhas se dividem em dois grupos e se
posicionam nas linhas da palma da minha
mão,

as borboletas diurnas dormem em cima das
minhas pálpebras,

os peixes se alinham atrás do vidro do aquário e
nos olham,

o veado com crina de cavalo fica nos rodeando a
noite toda.

É assim que dormimos, eu e meus animais, em profunda comunhão. Sonhamos todos um só sonho que conta a história de nosso ser coletivo. Somos um conjunto, mas sei que o instante de atravessar o limite se aproxima. Meus animais já começaram a provar discretamente do meu sangue e da minha carne e de manhã acordo machucado.

Quem sabe se, num belo dia, meu veado de olhos humanos não há de relatar a grande noite de amor universal que vai me devorar.

O FILÓSOFO

Querido Bartolomeu,

Vou indo bem. Fora eu ter engordado um pouquinho... (Ha, ha!) Anabeus também vai bem.

Continuo a trabalhar em meu tratado sobre decomposição, o infinito e o desvio de si mesmo. Acabo de terminar o capítulo sobre *O Infinito Amputado* e acredito que estou prestes a propor a classificação mais completa e mais erudita das formas de infinito. Já tenho em mente um projeto para o estudo da intuição do infinito e teorizo heroicamente os conceitos de infinito negativo, infinito intensificado e infinito estável. Você nem imagina como foram valiosos para a pesquisa os manuscritos de três compiladores de que lhe falei: Maccabeus, Panthénicos e Karmarante. Agora estou convencido de que a maior parte das obras de compilação dos séculos IV e V ocultam coisas inimagináveis e que sob a máscara inocente da compilação encontram-se verdadeiros metafísicos. Por que não propor abertamente suas próprias reflexões, por que infiltrá-las nas entrelinhas de outros autores? Isso ainda é um mistério para mim. Mas você me conhece: sou teimoso e vou acabar descobrindo.

De resto, minha vida transcorre do mesmo jeito. Fora alguns aborrecimentos existenciais que ousaria denominar "aborrecimentos atípicos de jardineiro".

É disso que se trata (conto tudo isso para você na esperança de que me dê alguns conselhos):

Como disse na minha carta anterior, decidi que este ano plantaria couve e só couve na minha horta. No começo deu tudo certo porque por aqui tivemos uma primavera longa e ensolarada. Os aborrecimentos começaram no mês de maio, quando a couve começou a crescer. Toda noite alguém me roubava uma delas. De manhã, quando eu saía para aguar o jardim, sempre estava faltando uma.

Então, comecei a espionar. Isso me custou algumas noites em claro, mas finalmente descobri o ladrão: um coelho branco que vinha da floresta. Era ele que me detonava uma couve por noite. Claro, armei uma armadilha e no dia seguinte capturei-o. Ele foi posto numa gaiola. Por alguns dias, minhas couves respiraram aliviadas em total segurança. Mas um segundo coelho branco penetrou, mais um, no meu jardim para se empanturrar com uma couve por noite. Capturei-o. Coloquei-o na mesma gaiola que o primeiro. Tive duas noites de descanso. Em seguida, um terceiro coelho descobriu minha plantação. Feita a armadilha, feita a captura. Fiz uma inspeção minuciosa no muro que cerca minha horta, mas não achei buraco algum em nenhum lugar. Tudo isso não impediu o quarto coelho, o quinto, o sexto de se apresentarem. Prendi mais esses três sem dificuldade. Mas as couves de meu jardim diminuíram pela metade.

No momento em que escrevo esta carta, descubro que, na verdade, foram os coelhos que me prenderam.

Você sabe muito bem que sou vegetariano e nunca mato animais. Nas minhas gaiolas há agora uma boa centena de coelhos e não sei o que fazer com eles. Vendê-los para que sejam mortos está fora de questão. Devolvê-los à floresta parece pouco inteligente, pois voltariam com o mesmo jogo e viriam novamente devorar minhas couves. Ficar com eles seria pior, pois teria de alimentá-los e só tenho o resto de couve da minha horta para lhes dar.

Nas suas gaiolas eles ficam bem, ficam contentes e vejo-os prosperarem a cada dia que passa. Oitenta por cento da minha colheita de couve está comprometida, e o mais estranho é que o fluxo de coelhos continua o mesmo. Como se eles crescessem no meu jardim.

É por isso, querido Bartolomeu, que eu estou um pouco confuso (ia dizer "terrivelmente triste"): semeei couve e colhi coelhos. Aí tem coisa. Fico até tentado a dizer que reconheço um pouco aí minha teoria sobre o infinito intensificado. Não é mesmo? Que é que você me diz? Além disso, quando lhes dou comida, os coelhos todos ficam me olhando com um arzinho malicioso que me deixa possuído.

Pronto, é isso aí. Seu compilador íntimo espera notícias suas.

Abraço,

C.

O HOMEM DA MAÇÃ

"Quem sou eu? Onde estou?", o bicho se interroga. Espera um pouco em silêncio. Nada se move ao seu redor, não chega nenhuma resposta de lugar nenhum. O bicho só sente seu próprio cheiro.

Intrigado, o bicho começa a revolver a memória. Mas fora duas questões (quem sou? onde estou?), que já estão gravadas, sua memória se apresenta como um círculo vazio.

Bem, fala o bicho sozinho, vamos pôr ordem nessa bagunça. Tenta primeiro delimitar sua presença no espaço. Infelizmente, seu ser encosta em alguma coisa mole, que o envolve por todos os lados. Deve ser o mundo exterior, medita o bicho. E começa a mordiscar a matéria mole e doce que o rodeia. Até que o gosto não é desagradável. O bicho se empanturra com voracidade até dobrar de volume. Sentindo-se gordo demais, ele fala para si mesmo: chega, é preciso saber guardar a razão.

Saciado, o bicho logo se dá conta de que o método dedutivo é o único que pode ajudá-lo a compreender o que acontece com ele. Tenho uma memória, logo existo, constata então o bicho. Por ter comido um fragmento da matéria circundante, deduz que poderia também, por sua vez, servir de alimento para qualquer um. Isso não tem graça nenhuma, pensa, e, antes mesmo de descobrir o sentido da vida, sente na boca o gosto das próprias lágrimas. Além do mais, com o dobro de volume por causa da comida, compreende, numa epifania, que o infinito o espreita por todos os lados.

Perturbado e cansado pelas descobertas que acaba de fazer, o bicho decide fazer uma sesta. Mas, no momento de se perder na penumbra do sono, uma nova revelação o atravessa: entende que é em torno da noção de tempo que o mundo se estrutura.

Seu sono dura muito pouco, mas ele é tão frutífero quanto uma sessão de psicanálise. O bicho tem seu primeiro sonho: está vagando no meio de esferas enormes que giram a seu redor e que, volta e meia, por pouco não o esmagam.

Ao acordar, o bicho compreende que ele é somente um pobre prisioneiro num oceano de alimento e que deveria de todo jeito sair dali para dar um sentido à sua vida. Começa uma longa viagem através da matéria doce que o rodeia. Só há um método de avançar: cavando um túnel no seu próprio alimento, enquanto o devora.

A batalha se anuncia longa, mas o bicho não desanima. Cava com obstinação a maçã que vou levar à boca. E no exato momento em que o bicho abre, na casca da maçã, sua primeira janela em direção ao universo e em direção a Deus, cravo avidamente meus dentes na fruta.

VOZ NA ESCURIDÃO (II)

O TRANSEUNTE APRESSADO: Que horror!

O ZELADOR: Um monstro.

A VELHA DA CESTA: Deus meu, mas o que é isso?

O HOMEM DO SAXOFONE: Parece um cachorro.

O VELHO DA BENGALA: Um cachorro, isso aí?

O HOMEM DO SAXOFONE: Pelo menos a cara, acho que é de cachorro.

O MENININHO: Mamãe, vem ver.

O TAXISTA: Nunca vi nenhuma criatura assim.

O ZELADOR: Eu acho que a cabeça é mais de veado do que de cachorro.

O HOMEM DO SAXOFONE: Mas os olhos são olhos de cachorro. Certeza.

A MULHER DE AZUL: Ai, ai, ai, que gorila!

O ZELADOR: Minha senhora, isso aí não tem nada a ver com um gorila.

A VELHA DA CESTA: Mas, Deus do céu, quem o esmagou desse jeito?

O VELHO DA BENGALA: Um carro preto.

O ZELADOR: Não, foi um caminhão de carne.

O CEGO COM O TELESCÓPIO: Na verdade ele caiu do céu.

O TAXISTA: Do céu, isso aí?

O CEGO DO TELESCÓPIO: É, sim. Ele voava e de repente caiu em frente do carro.

A MULHER DE AZUL: Impossível.

O VELHO DA BENGALA: De qualquer maneira, não acredito que seja cabeça de veado... Parece bem mais cabeça de javali.

A MULHER DE AZUL: Um javali na cidade?

O TRANSEUNTE APRESSADO: Hoje em dia tudo é possível.

A VELHA DO CESTO: Olha só, olha só, repara, vocês não acham que ele ainda está se mexendo?

O JOVEM DE ÓCULOS: Não, senhora, tá morto.

O ZELADOR: Tenho a impressão de que, mesmo morto, ele continua nos olhando.

O TAXISTA: Olha só os lábios dele! Ele está respirando, tenho certeza.

O HOMEM DO ESPELHO: Parece lábio de gente.

O HOMEM DO SAXOFONE: É metade cachorro, metade javali.

O TRANSEUNTE APRESSADO: Eu estava pensando mais numa esfinge.

O HOMEM DA BENGALA: Por quê? Por que ele é negro?

A MULHER DE AZUL: Ele não é completamente negro, ele tem manchas brancas dos lados.

O JOVEM DE ÓCULOS: Tem algumas vermelhas também.

O TAXISTA: Isso é sangue.

O HOMEM DO SAXOFONE: Ele foi completamente estraçalhado.

O ZELADOR: Ele fez de propósito.

A MULHER DE AZUL: Ah, é mesmo!

O CEGO DO TELESCÓPIO: É. Ele voava bem alto lá no céu e, de repente, despencou.

O TRANSEUNTE APRESSADO: Quem sabe ele fugiu de lá.

O HOMEM DO SAXOFONE: Mas então é um anjo. Um anjo com cascos de cavalo.

O VELHO DA BENGALA: Não, a crina é de cavalo, os cascos são mais de uma cabra.

A MULHER DE AZUL: Tenho a impressão de que ele tem lágrimas nos olhos.

O MENININHO: Mamãe, vem logo!

O POLICIAL: Isso aí é o quê?

O HOMEM DO SAXOFONE: Um doido o esmagou.

O ZELADOR: Eu vi tudinho.

O VELHO DA BENGALA: Foi um carro preto.

O POLICIAL: Mas existe mesmo uma coisa dessas?

O JOVEM DE ÓCULOS: Tudo indica que não.

O POLICIAL: Mas o que ele estava aprontando por aí?

O CEGO DO TELESCÓPIO (*para si mesmo*): Estava voando.

O JOVEM DE ÓCULOS: Não há dúvida de que vagava pelas ruas.

O POLICIAL: Quem viu esse animal vivo?

O HOMEM DO SAXOFONE: Ninguém.

A MULHER DE AZUL: Ele chorou antes de morrer.

O TRANSEUNTE APRESSADO: É inadmissível! Uma fera dessas andando livre pelas ruas.

O HOMEM DO ESPELHO: Ele poderia ter devorado todos nós.

O HOMEM DO SAXOFONE: O que me perturba muito são esses chifres.

O POLICIAL: E vocês têm certeza de que ele está morto?

A MULHER DE AZUL: Tive a impressão de que ele piscou os olhos agora há pouco.

O POLICIAL: E ele mugiu, berrou, rugiu antes de morrer?

O CEGO DO TELESCÓPIO: Eu mesmo até escutei algumas palavras.

O POLICIAL: E o que ele disse?

O CEGO DO TELESCÓPIO: Creio que ele murmurou...

TODOS: O quê? O quê? O quê?

O CEGO DO TELESCÓPIO: ... Perdoem-me...

A LOUCA TRANQUILA

Nossa cidade foi invadida por borboletas. São belas, grandes e carnívoras. Nunca vimos tanta borboleta na cidade. Ficou tudo coberto: as ruas, os telhados, os carros, as árvores. As pessoas que se encontravam na rua durante a invasão foram devoradas. Da minha janela vejo três esqueletos de homens e um esqueleto de cachorro perfeitamente limpos. As borboletas atacam primeiro os cílios, depois as sobrancelhas, pálpebras, lábios, cordas vocais, papilas gustativas. São as mais violentamente coloridas que compartilham tudo isso. As outras se encarregam do resto. No momento a cidade está toda paralisada. As pessoas se entrincheiraram em suas casas e olham pela janela a rua coberta de borboletas. As ferinhas se instalaram definitivamente entre nós. E o fluxo não para: a camada de borboletas está cada vez mais espessa, parece neve colorida.

As Forças Armadas nada puderam fazer contra as borboletas. Tivemos de nos acostumar com elas. Finalmente, percebemos que as borboletas só devoram os seres vivos que fazem gestos bruscos. Se nos movermos bem devagarzinho, as borboletas não atacam. Podemos até esmagá-las com nossos pés, elas permanecem tranquilas e morrem em silêncio.

Aliás, não se pode andar na rua sem estraçalhá-las. Como são extremamente finas, quase transparentes, as borboletas massacradas se dissolvem suavemente na sua própria matéria reduzida a pó.

A vida da cidade continua em câmera lenta total. Para atravessar a rua, o general demora quase meia hora. Para chegar ao primeiro café no final da rua, ele leva quase duas horas.

Por tudo isso e inclusive pela desaceleração do pensamento, o ritmo da fala caiu para uma palavra por dia. E também, quando fazemos amor, o ritmo é muito, muito langoroso.

A LOUCA FEBRIL

As borboletas carnívoras foram enxotadas da cidade pelos caracóis pestilentos. Irromperam de todos os lugares: das entranhas da terra, dos canais, dos porões, dos esgotos. Escalam muros e janelas, deixando atrás de si um fino rastro viscoso. Nunca comem nada, mas o cheiro que exalam é insuportável. Para não desfalecer de nojo pelas ruas, as pessoas passam correndo.

O problema dos caracóis pestilentos é que eles penetram nas casas. A gente acorda, salta da cama e os chinelos estão cheios de caracóis. A gente vai para o banheiro e a pia está repleta de caracóis. Não se pode mais olhar no espelho porque centenas de caracóis já estão lá coladinhos como uma gangrena. A gente chega na cozinha, vai cortar o pão em fatias e lá no seu miolo mais um caracol pestilento. Impossível esquentar um pouco de leite ou fazer café: em cada panela já habita um caracol negro com chifres verdes extremamente ágeis. Em cada cadeira há um grande caracol pestilento com cara de culpado a te espreitar. Com uma velocidade inacreditável rastejam pelos móveis, pelas cortinas, pelo teto. Basta abrir um livro que um minúsculo caracol achatado escorrega. Os velhos gramofones não funcionam mais: os caracóis nele construíram seus ninhos. As gavetas fechadas à chave fervilham de lesmas com pelinhos nos chifres.

Era muito melhor no tempo das borboletas, todo mundo comenta agora. Não se pode dar a mão a alguém porque um caracol logo se enfia, veloz como um raio, entre as duas palmas. Quando se compra um jornal, é quase certo que, procurando o dinheiro no bolso, se encontre um caracol. Os caracóis pestilentos esmigalhados pelos nossos passos ou pelas rodas de nossos carros formaram uma camada de lama pegajosa em que se misturam sangue e finas fibras de carne.

Correndo o tempo todo, as pessoas não têm muito tempo para falar. Os que param para trocar umas poucas palavras, apesar de tudo, arriscam-se a um enjoo imediato. "As borboletas eram tão limpinhas", fala alguém, cuspindo-os. "E eram de verdade muito bonitas", responde outro, antes de vomitar.

Para conviver com os caracóis pestilentos, primeiro é preciso aprender a se calar. Cada palavra pronunciada é substituída, na boca, por um caracolzinho pestilento.

A LOUCA LÚCIDA

Os caracóis pestilentos foram afugentados por um animal gigantesco e difuso, cujo corpo tem a forma de uma chuva inodora caindo incessantemente sobre a cidade. As pessoas logo entenderam que a chuva não era uma chuva comum porque não havia nem gotas nem poças de água. O animal-chuva embebeu tudo. Ele agora se entranhou no próprio tecido da cidade: na pedra das paredes, no vidro das janelas, no asfalto das ruas, na madeira das árvores, na água dos canais, no ar que as pessoas respiram.

O animal-chuva se alimenta do conteúdo das coisas. Ela esvazia de maneira verdadeiramente vagarosa e imperceptível tudo que tem um coração, uma alma, um sentido. Só se veem carcaças pela cidade. É inútil comprar uma maçã, ela estará oca por dentro. Os pães não têm mais miolo, as galinhas põem ovos transparentes. As árvores são apenas troncos inchados. Quando a gente levanta uma pedra, percebe-se que é estranhamente leve. Os peixes, cuja pele só contém ar, boiam na superfície do rio. Cada vez que um cachorro tenta latir, sai apenas algo semelhante a um assobio, e às vezes podemos vê-lo cair por terra como um castelo de cartas de baralho. O bronze das estátuas tornou-se tão fino quanto uma folha de papel, os pedestais se desmancham com o peso de um pássaro.

O animal-chuva penetra cada vez mais profundamente, cada vez mais longe. Não há abrigo contra o animal--chuva, as pessoas tentaram de tudo: guarda-chuvas metálicos, capas encouraçadas, refúgios subterrâneos blindados, revolta e silêncio. Agora ele ataca o tempo. Ninguém mais sabe se é dia ou noite, se está acordado ou dormindo, se está só ou engolido pela multidão, se ele toca sua própria pele ou a pele de outra pessoa junto dele no enorme conglomerado dos homens vazios.

Pois o animal-chuva habita também a carne viva dos homens, o seu sangue, seus gestos e sonhos. E além de tudo ele tem o dom da ubiquidade. Está dentro de cada pensamento, de cada palavra pronunciada. Não se esconde nada dele: ele sabe tudo, seja noite, seja dia. Ele vigia todos os cérebros ao mesmo tempo porque respira simultaneamente em todos eles. E ele fala conosco como se fosse uma segunda voz em nosso ser. Seus comentários são ainda bastante primitivos, como: "Senhor, não se deve pensar isso" ou "Ah, chega. Você está indo longe demais" ou "É perigoso insistir" ou ainda diretamente "Desista, isso também não vai dar certo!".

Todo mundo tem saudade do tempo dos caracóis pestilentos; eles pelo menos eram tão silenciosos...

VOZ NA LUZ OFUSCANTE (I)

O SEGUNDO: Ele está lá. É ele.

O PRIMEIRO: Ele disse?

O SEGUNDO: Ele não quer.

O TERCEIRO: Ah, não...

O PRIMEIRO: Fale barbante, senhor!

O TERCEIRO: Barbante.

O PRIMEIRO: Estranho. Por que ele não quer?

O TERCEIRO: Mas eu quero.

O SEGUNDO: Não sei. Ele simplesmente não liga.

O PRIMEIRO: Por que você se recusa a dizer barbante? Até onde você acha que pode forçar a minha generosidade? Até onde vou ter de engolir tudo isso?

O SEGUNDO: Vamos lá, diga barbante!

O TERCEIRO: Barbante.

O PRIMEIRO: Ele vai se arrepender.

O SEGUNDO: Você vai se arrepender.

O TERCEIRO: Barbante.

O SEGUNDO: Bom, assim não vai dar mais para continuar.

O PRIMEIRO: Todos que vieram antes de você falaram barbante. É bom saber.

O TERCEIRO: Barbante.

O PRIMEIRO: Eles disseram barbante e agora estão sãos e salvos. Todos.

O SEGUNDO: Vai, fala barbante.

O TERCEIRO: Barbante.

O PRIMEIRO: Quem sabe ele nunca falou barbante antes?

O SEGUNDO: Possível.

O TERCEIRO: Falei sim, falei sim.

O PRIMEIRO: Quem sabe ele não sabe falar barbante.

O TERCEIRO: Barbante!

O SEGUNDO: Como assim não saber falar barbante? Todo mundo sabe falar barbante.

O PRIMEIRO: Então por que ele não quer dizer barbante?

O TERCEIRO: Barbante!

O PRIMEIRO: Ele vai acabar nos deixando completamente loucos!

O SEGUNDO: Fala barbante, infeliz! Fala barbante!

O TERCEIRO: Barbante.

O PRIMEIRO: Barbante! Diga barbante! O que você tem contra nós para não dizer barbante?

O TERCEIRO: Barbante.

O PRIMEIRO: Olhe bem para mim. Está me olhando?

O TERCEIRO: Sim.

O PRIMEIRO: Diga bar-ban-te...

O TERCEIRO: Bar-ban-te...

O PRIMEIRO: Bar-ban-te. Vamos lá, fala barbante e o negócio fica encerrado para você.

O TERCEIRO: Bar-ban-te.

O PRIMEIRO: Vamos lá, não seja idiota. Diga barbante.

O SEGUNDO: Fala barbante ou arrebento sua cara!

O TERCEIRO: Barbante!

O PRIMEIRO: Tá tudo muito claro. Esse aí não vai mesmo dizer barbante.

O SEGUNDO: Pobre coitado! Vamos dar um jeito de convencê-lo.

O TERCEIRO: Barbante!

O PRIMEIRO: Vamos lá, seja racional e fale barbante.

O SEGUNDO: É melhor pra você não nos forçar a fazê-lo dizer barbante.

O TERCEIRO: Barbante.

O PRIMEIRO: Quer que eu te conte uma coisa? Até eu. Eu também disse barbante.

O SEGUNDO: Tá vendo?

O PRIMEIRO: E é fácil, basta repetir em seguida: barbante.

O TERCEIRO: Barbante.

O PRIMEIRO: Fala barbante, fala barbante enquanto é tempo.

O TERCEIRO: Barbante.

O SEGUNDO: Mas é tão difícil assim falar barbante? Fale, senhor.

O TERCEIRO: Barbante.

O PRIMEIRO: Barbante! Barbante! Barbante! Que merda, fala duma vez!

O TERCEIRO: Falo. Falo. Falo.

O PRIMEIRO: Mas abra essa boca, fale.

O TERCEIRO: Barbante!

O SEGUNDO: Nunca vi nada parecido!

O PRIMEIRO: Você tem vergonha de dizer barbante?

O TERCEIRO: Não, não!

O PRIMEIRO: Então, diga barbante!

O TERCEIRO: Barbante.

O PRIMEIRO: Inacreditável! O que que a gente faz?

O SEGUNDO: Por acaso, você não está imaginando, senhor, que não vai dizer? Está me escutando? Você não acredita que vai se safar sem dizer barbante, acredita? Pode ir tirando isso da cabeça! Ninguém escapa daqui sem falar barbante! Você tá sacando, seu safado, tá sacando?

O PRIMEIRO: Ele também, até ele, já disse barbante.

O SEGUNDO: É mesmo.

O PRIMEIRO: Nós dois já falamos barbante.

O SEGUNDO: É mesmo.

O PRIMEIRO: E olha só... como eu sei dançar o minueto.

O SEGUNDO: E olha só... como eu sei dançar o minueto.

O PRIMEIRO: Fale barbante, senhor...

O SEGUNDO: Vamos lá, fale barbante...

O TERCEIRO: Barbante. Barbante. Barbante.

O PRIMEIRO: Ah, meu Deus! Isso já é demais!

O SEGUNDO: Isso vai acabar muito muito, muito mal.

O PRIMEIRO: Fala barbante e vaza.

O TERCEIRO: Barbante!

O PRIMEIRO: Fala barbante e a gente esquece tudo.

O TERCEIRO: Barbante.

O SEGUNDO: Dou uma coronhada?

O PRIMEIRO: Quer que a gente passe ao espancamento?

O TERCEIRO: Barbante!

O PRIMEIRO: Ou quem sabe você não sabe o que quer dizer barbante?

O SEGUNDO: Duvido que ele não saiba.

O PRIMEIRO: Existe gente que não sabe o que significa barbante.

O SEGUNDO: Como é isso senhor, você não sabe o significado de barbante?

O TERCEIRO: Sei.

O SEGUNDO: Ele sabe.

O PRIMEIRO: Mas por que você insiste em ficar calado, então?

O TERCEIRO: Barbante.

O PRIMEIRO: De todo o coração, diga!

O TERCEIRO: Barbaaaaaaaaante...

O SEGUNDO: Que catástrofe!

O PRIMEIRO: Fale pelo menos isso, por Deus, por quem você nos toma?

O SEGUNDO: Você vai ver, depois de alguns dias, você ainda vai dizer barbante.

O PRIMEIRO: Tem gente que fala barbante depois de uma semana.

O SEGUNDO: Tem gente que fala barbante depois de um ano.

O PRIMEIRO: Ou depois de dez anos.

O SEGUNDO: Ou depois de vinte anos.

O PRIMEIRO: É impossível não falar barbante.

O SEGUNDO: Juro que um belo dia você vai acabar falando barbante.

O TERCEIRO: Barbante... Barbante... Barbante...

O PRIMEIRO: É uma pena... Vindo de um homem assim tão jovem...

O TERCEIRO: Barbante.

O PRIMEIRO: Vai ser sua ruína e dá muita pena... Um homem tão bonito assim.

O TERCEIRO: Barbante.

O SEGUNDO: Sua mãe ainda é viva?

O TERCEIRO: Barbante.

O PRIMEIRO: Vai ser uma pena para sua mãe também.

O TERCEIRO: Barbante.

O SEGUNDO: Você tem irmãos? Uma irmã? Vai ser uma pena para sua irmã também.

O TERCEIRO: Barbante.

O PRIMEIRO: Você jamais terá uma chance como essa.

O TERCEIRO: Barbante.

O PRIMEIRO: Ninguém vai se preocupar com você.

O TERCEIRO: Barbante.

O PRIMEIRO: Existência inútil. Passagem inútil pela Terra. Nada. Zero. Nula. Pó. Precipício. Vazio. Alma covarde. É isso!

O TERCEIRO: Barbante, barbante, barbante, barbante, barbante, barbante, barbante, barbante.

O PRIMEIRO: Você pensa que é fácil para nós?

O SEGUNDO: Você acha que talvez a gente não queira a mesma coisa?

O PRIMEIRO: Todos nós temos o mesmo objetivo. Ponha isso na sua cabeça.

O SEGUNDO: Pense no que você quiser, mas diga barbante.

O TERCEIRO: Barbante...

O SEGUNDO: Feche os olhos e diga barbante.

O TERCEIRO: Barbante.

O PRIMEIRO: Respire bem fundo. Abra os ouvidos. Tente falar com a boca fechada. Diga barbante com a boca fechada. Você consegue?

O TERCEIRO: Consigo.

O PRIMEIRO: A boca fechada, as orelhas cobertas... Mmmmmssss...

O TERCEIRO: A boca fechada, as orelhas cobertas... Barbante.

O SEGUNDO: Olhe para mim. A boca fechada, as orelhas cobertas, os olhos fechados... Mmmmsss...

O TERCEIRO: A boca fechada, as orelhas cobertas, os olhos fechados... Barbante.

O PRIMEIRO: Deite de barriga para baixo e pense barbante.

O TERCEIRO: Sim, sim, sim.

O SEGUNDO: Você está pensando? Hein? Pense! Vamos lá, pense! Você está pensando? Vai, pensa...

O PRIMEIRO: Pense, pense... Barbante... Barbaaannnte... Barbaaannnte...

O SEGUNDO: Você está pensando? Está pensando ou não?

O PRIMEIRO: Ele está pensando ou não?

O SEGUNDO: Não, não está pensando.

O PRIMEIRO: Ele não está pensando?

O TERCEIRO (*respirando fundo*): Barbante! Barbante! Barbante!

O PRIMEIRO: Podridão!

O SEGUNDO: Que porco! Que porco! Que porco!

O TERCEIRO: Barbante.

O PRIMEIRO: Zero à esquerda.

O SEGUNDO: Nanico!

O PRIMEIRO: Lombriga. Verme deplorável.

O TERCEIRO: Barbante.

O SEGUNDO: De joelhos, seu folgado!

O PRIMEIRO: Até Deus diz barbante! Sacou? É isso que Deus diz no seu cérebro podre. Barbante.

O SEGUNDO: Sim.

O PRIMEIRO: Escute! Cale a boca e escute! E Deus, o que é que ele cantarola dentro do seu cérebro? Você escuta ele murmurando barbante?

O TERCEIRO: Estou escutando.

O PRIMEIRO: Então por que você não diz barbante?

O SEGUNDO: Nenhum ser vivente foi criado para não dizer barbante. Tudo que é feito por Deus diz barbante.

O TERCEIRO: Barbante.

O SEGUNDO: E além do mais, sabemos que você já disse barbante.

O PRIMEIRO: Olha só. Todos nós sabemos que você já disse, mesmo, você já disse barbante.

O SEGUNDO: Eu até sei de alguém que escutou ele dizer barbante.

O PRIMEIRO: Olha só. Este senhor aqui conhece alguém que o escutou falar barbante.

O SEGUNDO: E que, no caso, sou eu mesmo.

O PRIMEIRO: Olha só. E que vem a ser ele mesmo.

O SEGUNDO: É fui eu, eu mesmo, em pessoa, eu o escutei dizer barbante.

O PRIMEIRO: Ora, ora, ora. Insensato, que insensatez, precisa ser mesmo muito sem noção para se negar a dizer barbante. Por que você não quer mais dizer o que já disse?

O TERCEIRO: Barbante.

O SEGUNDO: Você quer passar para o lado de cá? Diz barbante e você passa para o lado de cá.

O TERCEIRO: Barbante.

O PRIMEIRO: Mande a gente dizer barbante. Você está me escutando?

O TERCEIRO: Tô.

O PRIMEIRO: Peça para eu dizer barbante.

O TERCEIRO: Barbante.

O SEGUNDO: E eu também. Manda eu dizer barbante.

O TERCEIRO: Barbante.

O PRIMEIRO: Exija que eu diga três vezes barbante.

O TERCEIRO: Fale. Fale. Fale.

O PRIMEIRO: Barbante! Barbante! Barbante!

O SEGUNDO: Eu também, eu também. Três vezes, me peça para eu dizer barbante três vezes.

O TERCEIRO: Tá bom! Tá bom! Tá bom!

O SEGUNDO: Barbante! Barbante!Barbante!

O PRIMEIRO: E agora todos três! Vamos dizer três vezes barbante! Um, dois, três!

OS TRÊS: Barbante! Barbante! Barbante!

O HOMEM-LIXO

Tem sempre aquele dia em que, pela primeira vez, quando você para um minuto para acender o cigarro, a porta de um prédio se abre, uma velha sai com o lixo e, sem olhar, joga o lixo nos seus pés.

– Merda! – você grita. – A senhora enlouqueceu?

Mas a velha parece totalmente surda. Entra e fecha a porta sem virar a cabeça.

Você sacode os pés e continua seu caminho. "Ela é completamente pirada", você pensa, talvez.

Alguns dias mais tarde, enquanto você espera o ônibus, lendo o jornal, um cachorrinho vira-lata se aproxima de você e urina nos seus sapatos. Os outros passageiros não conseguem se conter e é uma gargalhada geral. Já você fica tão passado que esquece de dar um bom chute no animal.

No escritório, os colegas começam a enfiar bolas de papel no seu bolso. "Isso deve ser uma nova brincadeira", você fala para si mesmo, mas não consegue fazê-los parar.

No restaurante, quando o garçom traz a conta, você percebe que ele está tremendo e compreende que ele absolutamente não vai conseguir deixar de jogar a conta por detrás do seu colarinho.

Na rua, cada vez mais, as pessoas socam casca de laranja na sua boca.

"Está todo mundo ficando louco!", você fala para si mesmo, a todo instante, mas você não tem energia para bater de frente com eles. De noite, quando chega em casa, todos os seus bolsos já estão repletos: bolas de papel, palitos de dente, latas de coca-cola amassadas, garrafinhas vazias, pontas de cigarro, relógios quebrados.

"Mas talvez eu seja mesmo um homem-lixo", você se interroga com espanto, num momento de solidão.

– "Por favor, senhor", pergunta você alguns dias mais tarde a alguém que está colocando debaixo do seu chapéu um maço de cigarros vazio e amassado, "Por favor, eu, por acaso, tenho cara de lata de lixo?"

O outro parece um pouco sem graça, baixa os olhos.

– Como não, senhor? Absolutamente uma lata de lixo.

– Mas na verdade isso é impossível, como eu poderia ser uma lata de lixo?

– Não sei não, senhor, mas é exatamente isso que o senhor é. O senhor é um homem-lixo.

"Então, virei um homem-lixo", você medita logo depois. "É isso aí", você acrescenta, "ficaram todos loucos, loucos, loucos".

Toda vez que você, o homem-lixo, chega em casa, você está abarrotado de detritos e o forro das suas roupas está cada vez mais pesado. E já não consegue entender como as pessoas podem enchê-lo de todo tipo de porcarias, restos e migalhas. A cada dia que passa, o caminho de volta para casa, depois do escritório, se parece mais com um calvário. As pessoas o esperam para despejar vidro quebrado e lâminas usadas de barbeador no seu guardanapo. Mesmo no ônibus, os passageiros não o poupam. Botam na sua mão as passagens sem validade, enquanto as crianças colam no seu paletó os chicletes que acabaram de sair de suas boquinhas.

Depois de virar um homem-lixo, você sempre fica estupefato do que lhe acontece. "Claro que sou passivo demais", fala para si mesmo o tempo todo, mas você não sente nenhum desejo de protestar. Pelo contrário, cada vez que alguém enfia uma nojeira no seu bolso, você sente um calorzinho discreto e aconchegante. Você está sempre buscando o olhar dos outros e eles, quase sempre, sorriem para você. Às vezes, se a pessoa não parece apressada demais, você pede, muito educadamente, algumas explicações adicionais.

– Por favor, senhor, será que eu poderia fazer uma pergunta?

– Sim, é claro. Com prazer.

– Como é possível que o senhor jogue seu lixo num ser vivo, e não na lata de lixo ou num saco de lixo?

– Você sabe, é muito estranho mesmo. É um pouco como se fosse um reflexo independente de qualquer vontade.

– Mas você bem vê que eu sou um ser humano, que eu me mexo, que respiro... enfim, que sou um cidadão como outro qualquer.

– É verdade, senhor, mas... O senhor tem uma atitude, uma cara, um jeito de ser... Enfim, como posso me expressar, todo o seu ser, se você quiser, tudo nele atrai imperiosamente o lixo...

Seus passeios de homem-lixo são cada vez mais perigosos. Você assume conscientemente o risco, infalivelmente ganho pelo gozo do inelutável.

Um taxista, que visivelmente detesta ratos, quer de todo modo esmagar você debaixo das rodas de seu carro e persegue-o como um louco, por horas e horas, pelas ruas da cidade.

Um velho com um rosto tranquilo aproxima-se calmamente e cospe em você.

Três homens impecavelmente vestidos pegam você em plena rua e o levam para uma sala vazia. Eles o amordaçam e o acorrentam a uma cadeira. O filósofo da cidade, ele também impecável, sobe num estrado e faz um longo discurso sobre as dificuldades de ser. Seu cérebro capta os berros dele com avidez, como um buraco negro que capta os detritos da criação do mundo.

(Ah, a imortalidade, que lixo!)

14

O LAVADOR DE CÉREBROS (I)

I. *Onze proposições para o grande público.*

1. Você está estressado? Angustiado? Decepcionado? Alienado? Você está atormentado por dúvidas existenciais? Você tem medo da velhice ou da morte? Não importa. A *lavagem cerebral* foi feita para você.

2. Ainda somos todos prisioneiros do *tempo em que vivíamos nas cavernas*. Quatro mil anos de civilização não apagaram um milhão de anos de ansiedade. Nossa espécie está doente de seu passado brutal e irracional. Os resíduos subumanos que vagueiam por nossos cérebros representam o lastro que nos impede de voar. A *lavagem cerebral* corta o cordão umbilical que nos liga à besta selvagem em nós esquecida.

3. A ciência prova que todos os males que abalam nossa vida têm origem em nós mesmos. Retornemos a nós mesmos para nos curar! A lavagem cerebral é a única terapia que ataca diretamente as *causas* de nossos infortúnios.

4. A lavagem cerebral não faz nenhum mal à saúde. Não muda a personalidade nem a mentalidade dos que a ela recorrem. As funções vitais do cérebro (a memória, a imaginação, o raciocínio) não serão afetados. A operação de lavagem se atém aos impulsos *mórbidos* de nosso subconsciente.

5. A *animalidade ancestral*, fonte do individualismo e do egoísmo, compromete a harmonia social. Pela lavagem cerebral nós nos livramos desta carcaça de primitivismo e nos reaproximamos de nossos semelhantes.

6. A lavagem cerebral nos oferece um porto seguro contra *os pesadelos de todos os tipos*, contra *a loucura*, contra *a dupla personalidade*.

7. Graças à lavagem cerebral, podemos enfim purificar nossa natureza íntima: o peso da animalidade é reduzido para que, na balança, triunfe o humano. A lavagem cerebral equivale a um segundo batismo do nosso ser.

8. Somente assim é que podemos nos reaproximar infinitamente de Deus. A purificação do ser é também a purificação da alma. Do alto da perfeição de nossa alma, Deus é mais acessível.

9. A lavagem cerebral reinstala, no centro de nosso ser, a essência de nós mesmos. Cessamos de ser um labirinto para nos tornarmos o espelho puro do universo inteiro.

10. Com a lavagem cerebral, adquirimos a imortalidade, pois ninguém está tão próximo da

imortalidade quanto aquele que venceu todo medo dentro de si mesmo, inclusive o medo da morte.

11. A lavagem cerebral é a liberdade ideal, a potência de viver plenamente, o êxtase individual e social, o acesso à felicidade suprema. Venham todos, senhoras e senhores, aos centros de lavagem; os melhores especialistas e consultores estarão gratuitamente a seu dispor.

15

VOZ NA ESCURIDÃO (III)

– E agora? – E agora o quê? – *O que a gente vai fazer agora?* – Não tenho a mínima ideia. – *Cê tá vendo alguma coisa?* – Nada. – *Cê tá escutando alguma coisa?* – Nada. – *Cê acha que ainda é noite?* – Pode ser. – *Por mim a gente parava.* – Se a gente parar, a gente tá perdido. – *Já faz tempo que o dia deveria ter amanhecido.* – Se a gente começa a pensar em tudo isso, a gente tá perdido. – *Não é normal que o dia não se levante.* – E você com isso? O importante é a gente conseguir fugir. – *E a cidade?* – A gente vai achar. – *A gente já deveria ter avistado as luzes.* – A gente vai avistar. – *Cê disse que logo a gente via.* – Claro que não, eu não disse que a gente ia ver logo. – *Escuta, tô de saco cheio! Você não vê que a gente tá girando em falso como cego em tiroteio?* – Se a gente entra em pânico, aí mesmo que a gente tá frito. – *Bem que podia amanhecer... Desde que a gente tá perambulando assim, se contar o tempo, já faz três dias que a gente tá andando.* – Impossível! – *Três dias, te juro. E de repente o dia não se levanta mais e a gente se embrenha cada vez mais nessa gelatina.* – O importante é que estamos livres. – *Tá, mas você não vê que a gente tá ficando cego?* – É porque a gente ainda não chegou aonde devia. – *Eu acho que a gente já tá do outro*

lado e que a gente se embrenhou porque foi longe demais. – O importante era se afastar o máximo possível, não é? – *Era pra gente parar no grito.* – Que grito? – *Lá onde a gente tinha escutado o grito. Era lá que era pra parar. E pensar um pouco. Não era pra passar do grito.* – Não escutei grito nenhum. – *Você escutou, porque eu disse que escutava um grito e você me perguntou que grito, então você escutou.* – E o que é que esse grito tem a ver? – *A gente tinha que parar naquela hora.* – O grito, o grito, você e seu grito estão é me deixando doido. – *Eu tô te dizendo: ou a gente já foi longe demais ou a gente pegou o caminho errado desde o começo.* – A gente volta se você quiser. – *Tudo bem, mas agora é a sua vez de encontrar os rastros.* – Então a gente tenta de novo na semana que vem. – *Decididamente.* – E se eles se derem conta de que a gente voltou? – *De jeito nenhum. O importante é achar o mesmo buraco, que o buraco seja o mesmo quando a gente saltar o muro. Depois a gente põe tudo no lugar, fecha as janelas atrás da gente, a gente limpa, apaga tudo, joga as ferragens e finge se levantar com todo mundo, depois a gente sai para o café da manhã.* – E as barras de ferro? Dá pra ver que estão tortas. Eu te falei pra não entortar assim. – *Calma aí, deixa comigo que eu vou desentortar. Vão ficar retas como antes.*

O LAVADOR DE CÉREBROS (II)

II. *Onze detalhamentos mais ou menos constitucionais.*

(aos funcionários encarregados da administração e da ordem pública.)

1. Em nosso país a lavagem cerebral é gratuita e obrigatória. Cada cidadão deve lavar o cérebro pelo menos uma vez por ano.

2. É recomendável que todos os membros de uma família façam juntos a lavagem cerebral anual. Com essa finalidade, é aconselhável que cada chefe de família marque hora logo no começo do ano.

3. O governo abriu centros de lavagem regionais, estaduais e municipais. Praticamente cada comunidade de três mil habitantes tem seu centro de lavagem. Todo atentado (dano material, saque, incêndio) a um centro de lavagem será punido com uma lavagem cerebral total do culpado ou dos culpados.

4. Para as pessoas em trânsito, há centros de lavagem especialmente instalados nas estações,

nos aeroportos, nos portos e em cada pedágio das estradas.

5. Após cada lavagem cerebral um carimbo será anexado à carteira de identidade.

6. Os que tentarem escapar da lavagem cerebral serão declarados inimigos da harmonia social.

7. Cada cidadão do país é terminantemente obrigado a denunciar os inimigos da harmonia social.

8. Toda pessoa que considerar, por alguma razão, que sua lavagem cerebral anual não foi suficiente tem o direito e o dever de pedir uma ou mais lavagens adicionais. Porém, é proibido fazer mais de cinco lavagens cerebrais por ano.

9. O governo, por meio de grandes investimentos em pesquisa, está criando o primeiro aparelho de lavagem cerebral individual. Não está longe o dia em que cada família, ou mesmo cada cidadão do país, terá seu próprio aparelho portátil de lavagem.

10. É absolutamente necessário que uma lavagem cerebral, executada logo depois do corte do cordão umbilical, presida à entrada de cada recém-nascido na vida em sociedade. A experiência prova que as pessoas que se beneficiaram de uma lavagem imediatamente após o nascimento, ou mesmo na fase uterina, adaptam-se melhor à harmonia social.

11. As pessoas que se opõem à lavagem cerebral, mesmo depois de sua segunda ou terceira lavagem total do cérebro, serão *kakonées* de seu cérebro.

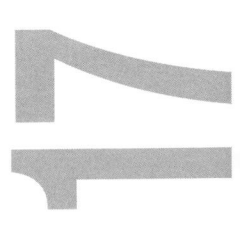

O COMEDOR DE CARNE

Olha só como você gosta de comprar carne! Porco, vitela, peixe, caracóis, aves, tudo é bom para seu corpo de carne. Somos apenas e tão somente carne que come carne.

Vivemos no universo da carne. Não tenho dúvida alguma a respeito disso. Tudo é carne.

Quando será que me dei conta de que meu único prazer na vida era comprar carne? Já criança gostava de olhar as prateleiras do açougue. A visão da carne crua ainda fresca provocou meus primeiros orgasmos! Comprar carne foi a única coisa que fiz a vida toda. As tripas e as orelhas de porco, o cérebro de boi, o fígado de bacalhau, a moela de faisão, a cauda de lagostim, os rins e a língua defumada de carneiro, a sopa de pupila de víbora, quanta delícia!

A paixão pela carne fez de mim seu eterno prisioneiro. Mesmo quando estou saciado fico com um pedaço de carne crua na boca. Fico mastigando vagamente, sem engolir. Se me acontece de engolir sem querer, uma profunda solidão me invade de imediato.

Mas quando será que mordi pela primeira vez, comendo um hambúrguer com algum acompanhamento, na mesa mesmo, a própria mesa? Isso deve ter acontecido um pouco depois daquela noite em que a minha mulher, inexplicavelmente, desapareceu da cama. Então, o trauma dessa história confusa me aproximou intimamente da natureza dita inorgânica. Na hora senti que estava rodeado de carne. E que tudo que se pode tocar são as membranas de um estômago gigante que nos contém. Provei sim, provei mesmo a madeira de minha mesa, o couro de minhas malas, o vidro de minhas janelas, a prata de meu faqueiro e, numa noite de êxtase revelatório, devorei a metade de meus livros. E eu juro a vocês que é tudo carne.

Querem saber qual é a definição de homem? Um pedaço de carne que devora toda carne que cresce à sua volta: eis a definição de homem. A definição de carne agora? Eu! Eu sou um pedaço de carne que pensa na carne que me cerca. A felicidade neste mundo é que cada tipo de carne tem seu gosto e seu aroma. Eu não conseguiria lhes dizer que relação íntima tive comigo mesmo quando experimentei pela primeira vez minha própria carne.

Mas foi o gosto de meu coração que me fez mergulhar definitivamente no interior de mim mesmo. A partir daí, nunca mais tive necessidade de nenhuma carne estranha dentro da minha boca. Minha língua me é suficiente. No momento, meu objetivo é penetrar com minha boca no sentido inverso, cavando até minhas entranhas. Sonho poder me cercar da minha boca e viver fechado dentro da carcaça de minhas papilas gustativas.

Tornei-me um perfeito motoperpétuo. Sou capaz de comer minha própria carne, sem nada expelir. Alimentando-me da minha própria carne, me recarrego da energia de que preciso para comer minha própria carne que sempre volta a crescer depois que eu a comi.

O momento mais fascinante desse banquete é quando eu mordisco as pontas de meu cérebro. Nada cresce mais rápido na minha boca (que me contorna como a pele de uma maçã, tendo a forma de uma chaga aberta na superfície) do que meu cérebro sendo mastigado. Temo até ter começado a engordar, tal a força de regeneração de meu cérebro.

De onde vem esse desejo de cravar meus dentes nos estratos mais profundos de meu próprio cérebro? Francamente, não tenho resposta. Talvez tenha alguma coisa que me atraia no âmago dele e ali quero cravar meus dentes, mas infelizmente ele cresce mais depressa do que eu como. Suas camadas de proteção incham enquanto eu as devoro e sempre tenho a impressão de ser rechaçado por uma força que não sei de onde vem.

Aqui estou eu, escondido no meu quarto, uma esfera gigantesca cercada por uma boca que encosta nas paredes do meu quarto. Mais dia menos dia, o quarto sem dúvida explodirá, por causa do meu cérebro que incha como uma massa crescente. Já escuto estalos no teto e tenho a impressão de que meus vizinhos de cima agora descem correndo as escadas do edifício.

Escavo cada vez mais rápido a matéria periférica do meu cérebro que não para de se dilatar. Nós vomitamos pelas janelas e pelas portas do edifício e escuto os gritos das pessoas que estão evacuando o quarteirão.

Não consigo me explicar como cheguei até aqui. Sempre fui tão amável, tão tranquilo... E sempre acreditei ter uma inclinação mais para a discrição e para a solidão do que para as explosões descontroladas e a aniquilação da minha rua. Daqui a pouco, essa avalanche carnívora, que é o combate de minha boca contra meu cérebro, invadirá toda a cidade. Senhoras e senhores, eu vos convoco, não me deixem sozinho, façam alguma coisa!

Será que não existe mesmo ninguém que possa me deter?

O LAVADOR DE CÉREBROS (III)

III. *Onze regulamentos para o bom funcionamento dos centros de lavagem.*

(para uso exclusivo do pessoal encarregado da lavagem e da manutenção dos centros.)

1. Nos centros de lavagem é preciso haver uma limpeza perfeita. É desejável que as salas de espera exalem aroma de rosa.

2. Antes da operação de lavagem é preciso que as pessoas tenham um tempo de espera. Uma sala de espera não deve nunca ficar vazia. Quando uma família chega, deve encontrar na sala pelo menos mais uma família feliz que espera a sua vez. Os figurantes que trabalham em cada centro de lavagem devem fazer o seu melhor para manter uma atmosfera de confiança e de comunicação.

3. O pessoal deve ser atencioso, mas não atencioso demais. Deve dar a impressão de estar sobrecarregado de trabalho, de estar até um pouco cansado. As pessoas devem acreditar

piamente que a lavagem é realizada porque é unicamente do interesse delas.

4. Na sala de lavagem não poderemos encontrar o menor sinal de sangue, de saliva ou de urina. A luz deve ser suave, o ar, fresco, e a música, tranquilizadora.

5. É preciso que o paciente coopere desde o início com o lavador de cérebros. Se o lavador julga que o paciente só está fingindo cooperar, pode passar diretamente à lavagem total.

6. Mas se o paciente tem somente medo da lavagem, ele é, em princípio, recuperável. Com o pretexto de afluxo e lotação, o lavador marcará outra consulta. Se necessário, a consulta será remarcada muitas vezes até que a exasperação tenha extinguido o medo.

7. Se um paciente sucumbe durante a lavagem, é que o vazio matou uma memória traidora. O lavador continuará a lavar o cérebro em questão mesmo depois da morte clínica desse cérebro.

8. Nota-se, há algum tempo, uma categoria de indivíduos perversos, que vão por prazer aos centros de lavagem. Segundo nossos especialistas, a lavagem de cérebro e a sensação de vazio lhes proporcionam uma voluptuosidade infinita.

9. Os perversos da lavagem de cérebro são facilmente reconhecíveis: declaram-se abertamente inimigos da harmonia social, para serem

submetidos mais e mais à lavagem cerebral total. Na medida do possível, esses viciados em lavagem serão empregados como figurantes nas salas de espera.

10. Ao final do dia de trabalho, os lavadores lavarão o cérebro uns dos outros. De fato, após um certo número de horas de trabalho, o lavador corre o risco de ser contaminado pelos resíduos das memórias que lavou.

11. Se o dedetizador de memória sucumbe, por sua vez, durante a lavagem, é que a memória traidora do paciente matou o vazio. Na medida do possível, o lavador continuará a lavagem, mesmo depois de sua própria morte.

O CORREDOR

Não consigo mais parar. É a primeira vez que isso me acontece. Saí, como saio toda manhã, para meu treino diário, corri algumas centenas de metros e logo me dei conta de que não estava conseguindo parar.

Quando passei diante da banca de jornal, o vendedor me disse: "Bom dia". Quis desacelerar para responder, virei a cabeça, mas já estava longe.

É engraçado como os pedestres não se dão conta do que está acontecendo. Sabem que sou maratonista da cidade, que sempre corro no mesmo horário, sem parar, e seguindo sempre o mesmo trajeto. As pessoas estão acostumadas comigo. Frequentemente, cumprimento-as correndo, respondo às perguntas correndo, faço acenos cordiais correndo.

Mas desta vez não consigo mais parar. E além do mais não consigo virar à esquerda ou à direita, sou impelido a ir em frente. É claro: tem alguma coisa aí que saiu dos trilhos. Mas o quê?

Estou chegando aos confins da cidade. As pessoas me olham sempre com admiração. "Tudo bem?", me diz o senhor Kuntz, e eu grito: "Não!". Mas já estou longe, longe demais, e ele não me escutou... Oh, meu Deus, eles não param mais de me aplaudir... E a senhora Cantonnelli, com todas as suas exclamações... "Como ele é veloz! Como ele é flexível! Como ele é elegante!"...

– Estou de saco cheio, senhora, de saco cheio...

Começo a ter vertigem. Decididamente meu corpo não obedece mais às ordens do meu cérebro.

– Socorro!

Olha só como eles andam pelos bares e cafés! Não têm nada que fazer o dia todo a não ser sorver tranquilamente suas cervejinhas e seus drinques. E assistir às minhas corridas. Que merda! Parem, parem de me dizer que sou disciplinado, que sou um gato, que sou determinado, que sou forte, que tenho força de vontade inquebrantável! Parem, porque eu não posso mais parar!

– Parem-me, por favor, parem-me!

Evidentemente não me escutam.

– Senhor Pippidi! Senhor Pippidi...

É o padeiro... Ele me envia um beijo, o cretino.

E passo pelo último café da cidade, pelas últimas casas; vejo as muralhas da cidade. Sou todo suor. Pela primeira vez na minha vida sinto medo. Passo ali pela última rua à direita. Mas não posso virar à direita. Faço um esforço sobre-humano para parar diante das portas da cidade, mas não consigo.

– Socorro! Socorro!

Minha última chance: os três velhinhos que estão sempre a postos, sentados no banco, em pleno sol, diante das portas da cidade... Toda vez que eu passo em frente deles, o primeiro diz: "Muito talentoso este corredor". O segundo diz: "Ele é belo como um anjo". E o terceiro: "Certeza que ele vai ganhar". Mas enquanto eles viram a cabeça para me olhar, desapareço no horizonte.

Até que estou contente de poder olhar para trás. A cidade é uma forma nebulosa que vai ficando cada vez menor. Merda, isso é lágrima? Quer dizer que eu comecei a chorar? Não é que agora eu corro e choro? Já não sinto nem cansaço nem medo. Só choro. E não entendo nada. Sei que as lágrimas escorrem pelo meu rosto. E me esfriam. Não posso mais levantar os braços para me enxugar. Meus braços estão paralisados, como que para projetar o mais perfeito perfil aerodinâmico. Isso me faz correr como um bólide. Corro, corro e, com minha cabeça inclinada um pouco para frente, sou a imagem viva do corredor ideal.

A estrada está quase deserta. De tempos em tempos, carros circulam no sentido inverso. Já não grito mais por socorro. Somente sorrio aos motoristas e os motoristas me acenam amigavelmente. Estou atravessando uma floresta. Abandonei a estrada, pois ela fazia uma curva, e sou forçado a seguir em linha reta. Tomo um atalho. Subo uma colina. Desço o vale. Não tenho mais forças para pensar. Simplesmente olho a paisagem. No momento minha preocupação principal é evitar as árvores. Quando se corre nessa velocidade, as árvores são um perigo.

Cai a noite e eu correndo. Atravesso uma cidadezinha desconhecida, e mais uma nova cidadezinha desconhecida... A essa hora as pessoas dormem e ninguém sabe que sou o único ser vivo correndo na madrugada.

Ou melhor, no escuro. As luzes da última cidade desapareceram. Não vejo mais nada diante de mim. As árvores e as pedras, por puro instinto, consigo evitá-las. Mas, às vezes, os pássaros da noite se chocam comigo. Contabilizo meus machucados. Penso que já matei muitos animais. E mesmo animais maiores, que esmaguei sem querer. Escuto cada vez mais gritos selvagens, urros de dor.

Finalmente o amanhecer... Sou uma chaga que corre. Atrás de mim, um fio de sangue. Na minha frente, uma cadeia de montanhas. O ar está frio, vai chover. Isso é bom, a chuva vai lavar minhas feridas. Atrás dessas montanhas, que subo correndo, se encontra o mar. E, vocês sabem, no mar é preciso entrar limpo, sempre.

20

O HOMEM DO BESOURO

Quando entro na cozinha, ele já está lá. Ele me espera do outro lado da mesa e, de vez em quando, tenho a impressão de que me olha.

Não é um besouro como os outros. É o maior de todos que já vi. Talvez o mais negro também. Eu me pergunto por que não o esmaguei quando o vi na minha mesa. Será que foi o seu olhar fixo que paralisou minha mão? E, além de tudo, será que ele me olha mesmo? E, se ele me olha, será que me vê? Não entendo nada de besouros. Mas sua imobilidade majestosa, como se fosse o rei dos besouros, me faz crer que ele me observa incessantemente.

Este besouro é sem dúvida dotado de certa sabedoria. Ele não tem medo de mim. E, se não o matei, é de fato porque percebi que ele não tinha medo de mim. Ele deve ser bem velho também. Tento adivinhar desde quando ele mora na minha casa. Quanto tempo o besouro vive? Tenho de me informar.

Certa manhã, antes de ir para o escritório, deixei-lhe uma migalha de pão de forma na mesa. Quando voltei, à noite, ele tinha comido. A partir daí, todos os dias, deixo-lhe uma migalha na mesa. Observo que ele se recusa a comer na minha presença. Ofereci-lhe uma migalha, enquanto tomava meu café da manhã, mas ele não se moveu. Pena. Poderíamos ter tomado o café da manhã juntos.

Ah, olha só, ele veio jantar também! Já é um ritual. De manhã, quando saio, ele já está lá, plantado no canto esquerdo da mesa. Quando volto, ele me espera no canto direito. Eu fico me perguntando o que será que ele faz no intervalo.

Sábado de manhã, quando gosto de cozinhar, ele passa toda a manhã comigo. Matá-lo agora está completamente fora de questão. Passamos muitos fins de semana juntos, em casa. Passamos bastante tempo olhando pela janela.

Ele é velho, mas se desloca depressa. Dez segundos para descer da mesa e desaparecer no seu buraco, atrás do fogão. Para vir se juntar a mim na janela, ele precisa de uns trinta segundos. Para subir na minha mesa de trabalho, na biblioteca, menos de um minuto. Para se instalar no seu banquinho, quando assisto à televisão, um minuto.

Esta manhã, quando abri os olhos, ele estava empoleirado no teto, bem acima de meu rosto. Assim que me barbeei no banheiro, ele decidiu se instalar na mesa da cozinha.

Ele dorme cada vez mais no teto. Mas isso não me atrapalha. É como se ele velasse pelo meu sono. Devo reconhecer que durmo melhor, desde que o sinto acima de minha cabeça.

É fantástico como ele conhece todos os meus reflexos, todos os meus tiques, todos os meus hábitos. Às oito horas da noite, quando escuto Bach, ele escala a trompa do gramofone. E fica escutando, imóvel, perscrutando o interior da trompa, como se fosse um precipício.

Eu também dei para me iniciar em seus hábitos. Sobretudo os que se relacionam com suas preferências alimentares. Sei que ele adora fruta, detesta carne e que o queijo branco o deixa nervoso. Quanto à música, ele é um grande admirador de Vivaldi, Corelli, Händel. Debussy não lhe cai bem. Uma vez, escutando Mahler, perdeu o equilíbrio e quase caiu no abismo da trompa.

Li para ele em voz alta *Os Miseráveis* de Hugo e *O Processo Verbal* de Le Clezio. Nossa comunicação se torna cada vez mais sofisticada. Tudo o que eu leio, leio em voz alta. Habitualmente ele não se mexe até a última página. Mas, vez por outra, acontece de vê-lo escapulir lá pela página de número cinquenta, retirando-se pelo buraco da cozinha. Eu também comecei a abandonar a leitura dos livros que ele não quer mais escutar depois da página cinquenta.

Mas nada é mais interessante do que nossos passeios nos três cômodos de nosso apartamento. Digamos que eu tenha escolhido um trajeto e que, no meu passeio, traço com meus passos uma figura geográfica invisível. Ele é capaz de reconstituí-la. Se, passeando, desenho um ou vários oitos, ele os reproduz perfeitamente. De vez em quando, invento figuras extremamente complicadas, dando voltas enquanto ando e simulando hesitações. Mas nada é impossível para ele: refaz a toda velocidade meus trajetos, como se fosse a memória dos meus passos.

Outro jogo: fecho os olhos, dou uma volta, dirijo-me a um objeto escolhido ao acaso e diante do qual decidi abrir os olhos. Abro os olhos. Lá está ele, em cima de um quadro ou de um abajur, de uma estante ou de um aquecedor, bem na altura de meus olhos.

Às vezes, é ele que começa a dar voltas, mas eu não entendo o que ele quer. Olho-o, ele vira, ele desenha círculos cada vez maiores, ele para e espera que eu reaja de um modo ou de outro. Oh, como tenho vergonha de minha incapacidade de compreendê-lo. Mas sempre que o sigo nos círculos que ele vai traçando, meu besouro se torna mais veloz e seus movimentos traem uma certa alegria. Sigo-o com fidelidade esperando que isso nos leve a algum lugar.

De todo modo, repito agora tudo o que ele propõe, pois acho que ele me conta, a seu modo, o mistério de seu ser. Quando escala um objeto, eu me aproximo e toco nele; quando ele fica parado uma ou duas horas em cima de uma cadeira, não me mexo até que ele comece a se mexer.

À mesa, inventou um outro número: sobe na beirada da minha xícara vazia e, com ares de um suicida, ele se joga no interior da xícara. O que ele quer me comunicar com esse gesto? Da última vez, esperando que ele terminasse sua queda e que chegasse finalmente ao fundo da xícara, dormi com a cabeça recostada na mesa. Foram os trompetes de um *allegro* de Vivaldi que me despertaram: já era noite e eu me dei conta de que estava, eu também, em queda livre num precipício infinito de uma trompa gigante de gramofone.

O MÁGICO

Senhores, senhoras, bom dia, eu me apresento, mágico Bartolomeu, se você ainda não ouviu falar de mim, é porque nunca ousou penetrar pelos portões abertos e generosos da magia... He, he, he...

mas vejam só, hoje, só para tornar sua viagem ao novo mundo mais agradável, vou apresentar a vocês alguns de meus célebres números.

não, o truque com as cartas de jogo, esse eu detesto, o mágico não é só isso, portanto começarei talvez por fazer uma pequena pesquisa para ver, digamos, quem entre vocês violou o regulamento e subiu com animais proibidos a bordo.

porque senhores, senhoras, há muita gente que não quer se afastar de seus camundongos brancos, nem de seus coelhos negros, nem de outros animaizinhos.

como, que camundongos? mas é possível isso? os camundongos são proibidos a bordo, olha aí, o senhor, por exemplo, o senhor, por que está escondendo o camundongo branco dentro do bolso? não é normal, de verdade, isso poderia degenerar, virar mania, virar uma perversão.

e a senhora? o que faz este coelho preto no seu chapéu? dá licença? são dois? Ai, ai, ai, ai, ai, senhora, dois coelhos numa cabeça só, mas isso é pesado, não a incomoda?

espere, senhor, já chego aí logo, logo, o que o senhor está escondendo aí? Será que poderia me dar suas luvas? Obrigado, o que é isso? Uma cobrinha na sua luva esquerda? E aqui? Um lagarto? Incrível, eu jamais teria a coragem de colocar minhas luvas com esses seres rastejantes lá dentro, acho que é perigosíssimo, aqui, ó, o senhor quer ficar com eles? Mas pegue isso, senhor, pertencem ao senhor, saíram de suas luvas, como? De jeito nenhum, senhor, são suas luvas aqui, olha só, todo mundo viu. Bem, se o senhor diz que não precisa mais dos répteis, eu guardo até o fim da viagem, tem certeza? Vai ver que são seus animais preferidos, tem gente que não dá um passo sem seus animais.

por exemplo, por exemplo, o senhor, sim, o senhor mesmo, que é que o senhor está fazendo com este pequeno ouriço debaixo de seu traseiro? Como não tem? Mas queira levantar um pouquinho, olha só! Não é muito incômodo ficar sentado num ouriço?

e o senhor, por que tem uma borboleta viva atrás de sua gravata? O senhor pode esmagá-la, coitadinha, aqui, olha só, como é linda! quem sabe o senhor gostaria de amarrá-la no seu pescoço e... não?

e a senhora, madame, o que faz esta rã na sua bolsa? Com licença... as rãs, madame, elas devoram tudo o que veem pela frente, a senhora sabe, peço-lhe que verifique se suas coisas estão intactas...

e por aqui, o que é que temos por aqui? Senhor, pode ir me passando essa tartaruga que está escalando sua perna esquerda? É isso aí, obrigado. E estes dois caracóis que escalam o forro de sua jaqueta? Obrigado. Tem algo mais por aí?

ah, madame, tem um esquilinho no seu regalo, ele está esquentando a senhora? Obrigado, olha só! Vejam só o que temos até agora: dois coelhos, quatro camundongos, uma cobra, um lagarto, uma borboleta, uma rã, uma tartaruga, um ouriço, dois caracóis e um esquilo. Um belo jardim zoológico! Vou guardar tudo isso dentro do meu chapéu, tá bom?

hummm, tenho a sensação de que eles não estão se dando muito bem. Meu Deus, estão fazendo um coquetel; bem, vejamos o que isso pode dar: dois coelhos com quatro camundongos, uma cobra, um lagarto, uma borboleta, uma rã, uma tartaruga, um ouriço, dois caracóis e um esquilo, um, dois, três, upa! Olha só! Aqui temos um papagaio! Ele é muito mais fácil de transportar. Quando ele fala, então, veja só. Como era simples!

obrigado, senhores, senhoras, obrigado!

a gente para por aqui? Não? Querem mais um número? Tudo bem, conheço ainda uma pequeno truque, mas é um pouco perigoso, é o truque com a varinha mágica, mas isso não é sempre que funciona, quer dizer que, às vezes, ela não me obedece, essa varinha.

principalmente quando quero fazer desaparecer alguma coisa, digamos um chapéu, senhor, poderia me emprestar seu chapéu um pouco? Obrigado, vejamos se podemos desmaterializar isso, um, dois, três e opa! Ah, droga, isso não funciona mais, não é mesmo, madame? Como? Foi o seu marido que desapareceu? Meu Deus..., eu só queria fazer desaparecer seu chapéu...

escute, não é tão grave assim, a varinha pode fazer reaparecer imediatamente o que ela fez desaparecer, espere, você vai recuperar seu querido marido: um, dois, três, opa!

estranho, estranho mesmo. Escute, percebo muito bem que madame desapareceu, ela também, mas era justamente o que ela queria, ela queria estar com seu marido, na certa eles estão juntos agora do outro lado da barreira, da barreira que separa nosso mundo banal do mundo fantástico.

mas escutem, não é tão grave assim, vamos fazê-los reaparecer todos os dois: um, dois, três, opa! Ah, não! Isso é demais! Ela está me passando a perna essa varinha, mas já entendi, senhora, estou vendo muito bem que foi toda a primeira fila de espectadores que desapareceu.

bem, o que vocês querem que eu faça? Só há duas possibilidades, ou a gente para por aqui e assumimos as perdas, que, por sinal, foram mínimas, ou a gente tenta ainda recuperá-los, mas corre alguns riscos... Será?

um, dois, três, já! Oh merda! Mais uma fileira, senhores e senhoras, esperem, não entrem em pânico, vou fazer tudo reaparecer, por favor, paciência. Um instantinho: um, dois, três, já! Quê? Mas o que foi desta vez? Quem desapareceu? As boias salva-vidas?

um instante, deixa eu me concentrar: um, dois, três, opa! Os postes? Enfim, não tem problema. A gente vê muito melhor a abóboda celeste: um, dois, três, opa! O quê? As estrelas? Todas de uma só vez? Tá indo rápido agora, não? Vai depressa com essa varinha de merda, mas o que é que vocês estão fazendo? Vocês estão indo embora, assim? Mas, escutem, me deem mais uma chance, esperem: um, dois, três, zás!

olha isso, faz desaparecer até o mar, estranho, onde estamos agora? O que é esta gelatina que nos envolve?

um, dois, três, zás-trás, todo mundo de volta, zás-trás! É claro que tô fazendo sempre o mesmo erro, mas qual, meu Deus, qual?

quantos sobraram? um, dois, três, quatro, cinco... dez? Bem, senhores, agora que estamos entre homens, vou lhes dizer o segredo deste número, vou lhes dizer por que sinto que estou ficando louco e tenho medo, sim, tenho medo de ter esquecido a fórmula mágica, essa é a verdade!

um, dois, três, plim! puta que pariu, que escândalo! Que bagunça! Isso vai me custar caro! Senhores! Mas me digam, então, vocês estão dormindo? Senhores, acordem, o espetáculo acaba de terminar, sim; vocês ficaram para o final, porque vocês estavam se lixando para minhas mágicas e dormiram enquanto...

sim, todo mundo foi embora, é isso, então vocês não viram nada? Bem, escutem, será que vocês poderiam me fazer um favor? Eu agradeço infinitamente, não é grande coisa, aqui, olha aqui, vocês pegam esta varinha e colocam na minha direção e vocês dizem "um, dois, três, upa!".

exatamente, vamos lá! O quê? A varinha desapareceu? Então, tudo está definitivamente terminado! Creio que somos os únicos a ficar no navio, e o que me angustia mais é que, há pouco, a gente via no horizonte uns pedacinhos de terra e agora já não vejo mais...

VOZ NA LUZ OFUSCANTE (II)

O REVOLUCIONÁRIO (*em cima de um barril*): A solução?

AS MASSAS: A solução! A solução!

O REVOLUCIONÁRIO: A saída?

AS MASSAS: A saída! A saída!

O REVOLUCIONÁRIO: A via?

AS MASSAS: A via! A via!

O REVOLUCIONÁRIO: Revolução!

AS MASSAS: Oooo!

O REVOLUCIONÁRIO: Revolução!

AS MASSAS: Aaaa!

O REVOLUCIONÁRIO: Revolução! Exploração! Liquidação!

AS MASSAS: Aaaa!

O REVOLUCIONÁRIO: Liberdade! Igualdade! Fraternidade!

AS MASSAS: Oooo!

O REVOLUCIONÁRIO: Poder.

AS MASSAS: Aaaa!

O REVOLUCIONÁRIO: A nação! O povo! Os pobres!

AS MASSAS: Oooo!

O REVOLUCIONÁRIO: A vontade! A verdade! O direito! Os princípios! A propriedade! As terras...

AS MASSAS: As terras! As terras!

O REVOLUCIONÁRIO: A comida... A legitimidade! A democracia... Os jornais... A palavra!

AS MASSAS: A palavra! A palavra! A palavra!

O REVOLUCIONÁRIO: A república.

AS MASSAS: Aaaa!

O REVOLUCIONÁRIO: Único! Indivisível! Eterno! Puro!

AS MASSAS: República! República! República!

O REVOLUCIONÁRIO: A Constituição!

AS MASSAS: Única! Indivisível! Eterna! Pura!

O REVOLUCIONÁRIO: A pátria! A assembleia! Os trabalhadores! O trabalho... O pão... A família... (*Ele começa a chorar.*) A casa... As crianças... A escola... A propriedade... (furioso). O futuro! O sonho! O sol! A luz!

AS MASSAS: A luz! A luz!

O REVOLUCIONÁRIO (*impiedoso*): Os porcos... Os filhos da puta... Os ladrões... Os parasitas... Basta!

AS MASSAS: Basta! Chega! Acabou!

O REVOLUCIONÁRIO: Os nobres... Os burgueses... Os banqueiros... Os proprietários... Os oficiais... Os generais... Os cardeais... Os padres... Os funcionários... Os juízes...

AS MASSAS: Basta! Chega! Acabou!

O REVOLUCIONÁRIO: Os ministros...

AS MASSAS: Os ministros. Os ministros.

O REVOLUCIONÁRIO: Basta!

AS MASSAS: Chega!

O REVOLUCIONÁRIO: Acabou!

AS MASSAS: Urra!

O REVOLUCIONÁRIO: O rei!

AS MASSAS (*chocadas*)**:** O rei?

O REVOLUCIONÁRIO: O rei! O rei!

AS MASSAS: Merda! O rei?

O REVOLUCIONÁRIO: O rei! O rei! Basta! Acabou!

AS MASSAS: Basta? Chega? Acabou?

O REVOLUCIONÁRIO: Sim! O rei!

AS MASSAS: Aprovado!

O REVOLUCIONÁRIO: Morte! Morte!

AS MASSAS: Basta! Chega! Acabou!

O REVOLUCIONÁRIO: A rainha!

AS MASSAS: Merda! A rainha?

O REVOLUCIONÁRIO: A rainha! A rainha! Basta! Chega! Acabou!

AS MASSAS: Aprovado! A rainha! Basta! Chega! Acabou!

O REVOLUCIONÁRIO: O Delfim!

AS MASSAS: O Delfim?

O REVOLUCIONÁRIO: Agora!

AS MASSAS: Oh ...

O REVOLUCIONÁRIO: Já! Já! Já! O Delfim! Basta! Chega! Acabou!

AS MASSAS (*em júbilo*): Agora! Agora! Agora!

O REVOLUCIONÁRIO: Os ídolos!

AS MASSAS (*em júbilo*): Agora! Agora! Agora!

O REVOLUCIONÁRIO: Deus!

UM HOMEM DAS MASSAS (*chocado*): Deus?

O REVOLUCIONÁRIO: Basta! Chega! Acabou!

AS MASSAS: Basta? Chega? Acabou? Deus?

O REVOLUCIONÁRIO: Deus! O Santo Espírito! A Trindade! Basta! Chega! Acabou!

AS MASSAS: O Deus? O Santo Espírito? A Trindade? Acabou?

O REVOLUCIONÁRIO: Agora!

AS MASSAS: Agora?

O REVOLUCIONÁRIO: Agora! Agora!

AS MASSAS (*longa consulta*): O Deus? O Espírito Santo? A Trindade? Agora?

O REVOLUCIONÁRIO: Agora! Imediatamente! Agora!

AS MASSAS: Aprovado!

O REVOLUCIONÁRIO: Danton.

AS MASSAS: Aprovado! Basta! Chega! Acabou!

O REVOLUCIONÁRIO: Marat!

AS MASSAS: Basta! Chega! Acabou!

O REVOLUCIONÁRIO: Saint-Juste!

AS MASSAS: Basta! Chega! Acabou!

O REVOLUCIONÁRIO: Robespierre!

AS MASSAS: Basta! Chega! Acabou!

O REVOLUCIONÁRIO: Vitória! Vitória! Vitória!

AS MASSAS (*linchando o Revolucionário*)**:** Basta! Chega! Acabou!

O REVOLUCIONÁRIO (*morrendo*)**:** Merda! Merda! Merda!

O PRIMEIRO HOMEM DAS MASSAS (*subindo no barril*)**:** Vitória! Vitória! Vitória!

AS MASSAS (*matando o Primeiro Homem das Massas*)**:** Basta! Chega! Acabou!

O PRIMEIRO HOMEM DAS MASSAS (*morrendo*)**:** Merda! Merda! Merda!

O SEGUNDO HOMEM DAS MASSAS (*subindo no barril*)**:** Vitória! Vitória! Vitória!

AS MASSAS (*matando o Segundo Homem das Massas*)**:** Basta! Chega! Acabou!

Etc.

O ÚLTIMO HOMEM DAS MASSAS (*olha ao seu redor, vê que ficou totalmente sozinho e fica louco*)**:** Merda! Merda! Merda!

Escuro.

23

O MORADOR DE RUA

Tudo começa numa bela manhã de primavera, de preferência segunda-feira. Você acorda num sobressalto, com uma terrível dor de cabeça. Passam-se alguns minutos e você ainda não compreende nada do que está acontecendo. Em seguida, você se dá conta de que foi o silêncio da cidade que te acordou.

Você olha o despertador. Estranho. São seis horas e trinta e dois minutos; madame Cantonnelli não saiu para levar seu cachorro para passear; o caminhão de carne não parou diante do açougue e o senhor Matarazzo, o saxofonista, não começou seus exercícios musicais matinais.

Às oito horas em ponto, quando você sai para ir ao escritório, seu olhar é atraído por pelo menos duas anomalias: a porta do apartamento da senhora proprietária está entreaberta e as luvas de madame Cantonnelli estão caídas no chão (uma no segundo andar, outra no térreo).

Na rua, não há ninguém. Você vai para o ponto de ônibus e depara com muitas coisas espalhadas pela calçada: uma mala, um sapato de mulher, dois chinelos, um guarda-chuva, um par de óculos quebrados, o saxofone do senhor Matarazzo e uma coleira de cachorro (mas não a coleira do Picollino, o poodle da senhora Cantonnelli).

No ponto de ônibus, ninguém. Você espera uma meia hora e o ônibus não vem. Como você é um funcionário disciplinado e pontual, decide ir ao escritório a pé. É então que, atravessando a cidade, você tem a dimensão da estranheza desse dia.

Todas as ruas estão desertas. Todos os carros foram abandonados, como se seus ocupantes tivessem freado bruscamente e em seguida ido se esconder em algum lugar. Quanto aos prédios, quase todas as portas e janelas estão abertas. Nenhum barulho vem de seu interior e nenhum gesto trai qualquer presença humana.

As ruas estão repletas de objetos jogados, no susto, como se estivessem atravancando aquela multidão apavorada de gente em fuga: centenas de bolsas, chapéus, guarda-chuvas, cestas, casacos, bengalas, sobretudos, carrinhos tombados, espelhos quebrados.

Na empresa onde você trabalha, ninguém. Você sobe até o quinto andar, onde fica seu escritório, você entra e espera alguma coisa acontecer. Mas nada acontece. As secretárias não vieram, seu chefe não o chama. De todo modo, você pega seus arquivos e tenta trabalhar um pouco, mas o silêncio corrói seus nervos. Finalmente, você agarra sua coragem com as duas mãos e dá uma volta pelo escritório. Evidentemente, nem um gato pingado. Somente arquivos (e alguns arquivos muito importantes!) espalhados pelo chão.

No começo você se recusa a se deixar intimidar pela evidência dessa situação absurda e cumpre seu dever conscienciosamente até o meio-dia. Você sai então, como sempre, para comer no seu bistrô preferido.

O bistrô está tão vazio quanto os escritórios e todos os outros bistrôs da cidade, mas você vai se sentar à sua mesa. Observa a rua deserta e tenta se concentrar. Será que se trata de um pesadelo coletivo do qual você foi o único a escapar? Ou então é uma farsa monumental, um complô da cidade inteira contra você?

Como você está com fome, passa ao outro lado do balcão para preparar um sanduíche. Você pega também um copo de cerveja. Come com calma, coloca trinta francos no caixa e volta ao escritório. Obstinado, decidido a recusar esse jogo que não faz qualquer sentido, você continua seu trabalho até cinco horas da tarde. No entanto, os elevadores estão congelados, nenhum passo ressoa pelos corredores, nenhum telefone toca, nenhuma máquina de escrever faz qualquer ruído.

Mas é apenas à tarde, no caminho de volta, que a aflição se intensifica. A cidade parece totalmente abandonada. Não há nem mesmo um passarinho no céu. Nem gato, nem cachorro, nem rato. Os insetos desapareceram junto com os seres humanos. Nem uma rajada de vento. O mundo te espreita de sua total imobilidade. O ar se condensa num silêncio pesaroso. Até as árvores têm algo de congelado, como se quisessem se desprender da terra para irem embora com os homens, e uma reprimenda tácita da terra as tivesse paralisado.

Você entra em casa correndo. Bate na porta entreaberta da proprietária. Ninguém responde e então você decide entrar. A senhora Cantonnelli não está lá. Aí, você bate na porta do senhor Matarazzo. Ninguém responde, já que o apartamento do senhor Matarazzo também está vazio. Bate em seguida em todas as portas do prédio, entra em todos os apartamentos. Entra também em todos os outros prédios da rua: ninguém em nenhum lugar.

As lojas, os cafés, as padarias, os jornaleiros, estão todos vazios. O sol vai se pôr em breve e você é invadido por um medo atroz.

Você faz barricadas em casa. Ainda tem eletricidade e acende todas as lâmpadas do apartamento. Liga o rádio e a televisão, mas não tem mais nada que escutar ou ver. O telefone parece funcionar e você liga para o seu melhor amigo. Ninguém atende do outro lado da linha. Você disca números e números aleatoriamente, mas ninguém responde a seus apelos.

Você não prega o olho durante a noite. Você espera sentado numa cadeira, diante da porta, escutando o silêncio.

Nos dias que se seguem, você compreende que não há nada a fazer: você está sozinho na cidade. Agora, é preciso se organizar. O odor dos alimentos estragados começa a ficar insuportável. Você começa a grande limpeza, primeiro na sua rua. Joga nos sacos de plástico grandes tudo o que corre o risco de apodrecer. Você fecha todas as portas e todas as janelas da cidade. Isso leva pelo menos seis meses. Você recolhe todos os objetos abandonados e os classifica por categorias. Em dois anos, você limpa todas as ruas e estaciona, seguindo todos os regulamentos, todos os carros na rua.

Você não tem mais medo de trabalhar na cidade e está bem contente de ver que a limpeza impera outra vez.

Você só tem problemas com os dois ou três incêndios deflagrados no dia do abandono. Um posto de gasolina queima durante meses e meses. Durante três anos, você não pode mais se aproximar do Instituto de Pesquisas Químicas. Você deve também enfrentar algumas inundações graves e, a um dado momento, fica horrorizado de pensar que toda água potável da cidade pode desaparecer.

O tempo passa e você se habitua à nova normalidade. Você é enfim um homem livre e todo-poderoso. Você tem acesso a todos os segredos da cidade.

Os fins de semana, você passa na casa de seus chefes que nunca o convidaram para conhecer suas casas. Lá você descobre suas gavetas secretas e seus vícios mais recônditos. Você lê suas cartas, mexe nos seus papéis, explode as portas de seus cofres-fortes.

Durante a semana você procura primeiro os lugares com placas de PRIVADO, PROIBIDO, PROIBIDA A ENTRADA, PERIGO. Você visita os quartos blindados dos bancos, os arquivos da polícia e das Forças Armadas, os gabinetes dos presidentes das empresas, a estação meteorológica, a sede da televisão local, o centro de triagem postal, o serviço de ginecologia do hospital, a prisão, o hospital dos doentes mentais, os bordéis, o necrotério e o instituto médico-legal, o convento das carmelitas, as catacumbas, os esgotos, os porões.

Por muito tempo você tenta manter, por meio de uma disciplina severa, certa continuidade entre o passado e você mesmo. Você escreve cartas que só você coloca à noite na sua caixa postal para ter a surpresa de encontrá-las na manhã seguinte. De quinze em quinze dias, você vai fazer uma visita à sua mãe ausente, sem esquecer de levar sempre um doce. Para não perder o contato com o que chama de realidade, você lê um jornal depois do café da manhã (você achou na biblioteca do bairro uma coleção de jornais antigos, dos anos cinquenta). Para ter do que viver, você continua a ir ao escritório e no fim do mês continua a retirar seu salário, que você considera ter sido depositado em qualquer banco (geralmente o mais próximo).

Mas tem dias em que você não resiste e quebra alguns vidros, durante seu habitual passeio vespertino. Acontece até de pegar o carro e ir costurando pelas ruas da cidade, de rodar noite e dia, rindo e gritando, até a exaustão, palavras incompreensíveis.

Se uma casa provoca medo, é imediatamente condenada à morte e suas portas e janelas são lacradas com pranchas de madeira.

Visitando as galerias de arte, frequentemente, você encontra quadros que lhe trazem lembranças dolorosas. Eles são julgados e jogados por um tempo na prisão. Todas as celas individuais estão agora cheias de quadros que você julga perigosos para a saúde moral da cidade.

No parque municipal, você começou grandes obras: pretende recortá-lo em dois por uma grande avenida que levará o seu nome.

De tempos em tempos, para celebrar o aniversário de sua solidão, você organiza fogos de artifício (o tempo você conta a partir do dia em que você ficou completamente só na cidade deserta).

Certa noite, o telefone toca no apartamento ao lado. Você salta da cama, corre como um louco e tira o fone do gancho no exato momento em que o outro está desligando do outro lado. Você não quer pensar em nada, não quer tirar nenhuma conclusão. Trata-se, aliás, da metódica autocensura que você carregou pela vida durante todos esses anos.

Há um sorriso ferino que não abandona jamais o seu rosto, desde que os telefones tocam cada vez mais na cidade. Você os escuta em todo lugar, no prédio de frente, na cafeteria onde toma seu café ao meio-dia, na biblioteca onde você vai procurar outra coleção de jornais antigos. Mas você nunca mais atende, você sabe que é inútil, que o outro será sempre mais rápido que você. É cada vez mais difícil conseguir manter um sorriso em seu rosto, mas você não tem escolha. É sua única resposta a esses apelos que não cessam de torturá-lo, dia e noite, de todos os prédios, de todas as casas, de todos os cantos.

Você caminha, como um rei, pelos grandes bulevares da cidade e os telefones tocam desesperadamente nos prédios diante dos quais você passa, e até mesmo nas cabines telefônicas, como se sua passagem desencadeasse em todos os lugares o mesmo o número secreto de chamada de socorro.

Agora você entendeu tudo. Você não dorme mais, como antigamente, no palácio dos ricos, nas mansões das pessoas célebres, nos suntuosos palácios da cidade. Você já perdeu a vontade de voltar até mesmo para a própria casa. Prefere flanar pelas estações, estações de metrô, perto dos grandes estádios. No inverno, você passa as noites debaixo da ponte, embaixo das portas de uma igreja, raramente na casa do zelador. No verão, você dorme nos bancos do parque ou sobre os degraus de edifícios públicos.

Foi lá que, totalmente por acaso, você aprendeu a mendigar. Você dormiu uma vez com seu chapéu esquecido a seus pés. De manhã, estava cheio de moedas. A história se repete e você sempre encontra alguma coisa no chapéu, mesmo com a cidade continuando impiedosamente deserta.

24

O HOMEM NO ESPELHO

Há alguns dias escutei um barulho atrás do espelho do banheiro. No começo não prestei qualquer atenção. O espelho sempre esteve lá. Sempre me barbeei diante dele. Mas o barulho acaba de se repetir.

É um barulho surdo, pouco humano. É como se um passarinho se chocasse contra a parede. Eu até verifiquei se do outro lado da parede do banheiro não havia marcas. Não, do outro lado, onde se encontra o vão da escada, a parede está limpa, ninguém a tocou. E o barulho se repete. Toda manhã, quando me lavo e me olho no espelho, o barulho se repete. Tenho a impressão de que é um barulho cada vez mais preciso, como se alguém quisesse me dizer alguma coisa. Não posso mais olhar no espelho sem esperar o barulho. Há dias em que o barulho chega imediatamente, há dias em que preciso olhar por um bom tempo antes que ele se produza. Não excluí a possibilidade de alguém, escondido na parede, no vão da escada, estar me aprontando alguma. Acordei várias vezes durante a noite e me olhei no espelho. Escutei o barulho todas as vezes. Mesmo que houvesse alguém atrás da parede, como ele poderia saber que eu estava me olhando no espelho?

Quis avisar a proprietária do apartamento, mas desisti. Por que inquietar todo mundo? Isso soaria como uma repreensão, como se eu tivesse desconfiado de outros locatários. É verdade que por um bom tempo pensei no Sr. Dupont, um de meus vizinhos. Ele vive sozinho e já faz alguns anos que ele não sai mais. Mas nunca faz barulho e pensar que ele poderia se esconder atrás de meu espelho seria ridículo.

Contentei-me com tirar o espelho do banheiro e pendurá-lo na parede do meu quarto. O espelho agora está colocado entre as duas janelas. É como se ele também fosse uma janela. Meu pequeno apartamento é no terceiro andar. Agora tenho certeza de que ninguém poderia subir na parede exterior de meu quarto para fazer barulho atrás de meu espelho enquanto eu me olho. E me olho cada vez mais no espelho. O barulho me fascina, me obceca. Às vezes me dá medo. E estou completamente convencido de que ele vem do espelho. Há alguém lá que quer me comunicar alguma coisa. Estalo os dedos e espero. Depois de algumas dezenas de segundos, repete-se quase identicamente o barulho de meu estalido. Eu bato com as mãos e ele bate, também com as mãos. Bato duas vezes com minha escova de dentes no espelho. Depois de um minuto ele me responde. Se eu bater três vezes, devo esperar durante um minuto e meio sua resposta.

De todo jeito ele aprende rápido. Digo "a" e, cinco minutos depois, escuto um tipo de mugido no espelho. Mesmo se meu "a" não é reproduzido corretamente, sinto que seu esforço em me responder vem acompanhado de uma grande alegria. Quando a noite cai, não acendo mais a luz. Amo ficar no escuro, com ele do outro lado. Vez por outra, comunico-me em silêncio durante a noite inteira. Quase ao amanhecer, durmo extenuado mas feliz. Minha cama se encontra diante do espelho e sei que ele me olha enquanto durmo.

Às vezes, é ele quem me acorda. Espero ou o meu "a", ou um estalo de dedos, ou minha escova de dentes batendo no espelho. Adoro ser acordado assim. Os sons que ele emite são tão doces, tão personalizados... e eu lhe ensino sempre sons novos. Eu lhe digo "ou" e ele me responde "ou". Seu "ou" chega cada vez mais depressa e se parece cada vez mais com o meu "ou". Digo "sim" e ele me responde, quase em êxtase, "sim". Todos os barulhos de meu quarto lhe são familiares. Como diante do espelho e ele reproduz todos os barulhos que faço com a louça. O que ele mais gosta é do tilintar dos copos. Encho um copo para ele e faço um brinde à sua saúde. Sorrio e ele também aprende a sorrir.

De vez em quando nosso diálogo me dá medo. Ele aprende rápido demais. Ele capta os sons de minha vida com uma energia grande demais. Ele é como um buraco negro que aspira pouco a pouco toda minha identidade. Uma noite, pensei ter um pesadelo. Escutava, no meu sono, um tipo de tique-taque monstruoso, como se meu quarto tivesse se tornado um enorme mecanismo hidráulico. Eu estava muito cansado para acordar. Meu cérebro adormecido fazia esforços para esquecer, para abafar esse barulho uniformemente repetido e que aumentava cada vez mais. Mas quando as pulsações se tornaram ameaçadoras, acordei sobressaltado. Muito bem, pois ele me remetia, do espelho, os batimentos de meu coração!

Ele aprendeu bem todos os sons fonéticos, mas ainda não fala. É certeza que prefere as vogais. As consoantes ele tem ainda dificuldade de respeitá-las. Às vezes, digo-lhe "m" e ele me responde, um pouco gozador, "i". Eu lhe dirijo um "z" e ele me remete um "u". Eu lhe digo "zero" e ele me responde "olhos". A maior parte do tempo ele me repete, todas as vezes, as palavras que eu lhe proponho. Eu lhe digo "eu sou", e ele me responde "eu sou". Eu lhe digo "tu és", e ele me responde "tu és". Compreendo que corro um grande risco ensinando-lhe a falar, mas é a única maneira de conduzi-lo a me dizer quem ele é.

Hoje ele compreendeu a lógica da linguagem articulada e me disse: "socorro!". Estou no fim da linha. Essa história já dura mais de seis meses e tenho às vezes a impressão de ter deslizado para um mundo paralelo, que está me transformando em espelho. Seu grito é tão desesperado que não posso mais escutá-lo. Frequentemente saio para me esconder, para evitá-lo, para esquecê-lo e para esquecer também minha impotência. Dou voltas na minha casa, passeio sozinho nas ruas até amanhecer. Quando volto, ele me recebe imediatamente com um "socorro!". Para poder dormir um pouco, ponho um tampão nas minhas orelhas. Cubro também o espelho com um lençol. Mas ele continua a gritar: "Socorro! Socorro!"; eu o escuto no meu sono. Não falo mais com ele porque não tenho mais nada a lhe dizer. Poderia talvez matá-lo quebrando o espelho, mas isso seria um crime. Busco, apesar de tudo, uma solução.

Quer que eu o tire dali. Já não grita mais: "Socorro!", mas "Me tire daqui". Nosso diálogo está praticamente desfeito. Poderíamos ter continuado, ele era muito talentoso com as nuances, ele tinha humor. Mas não, ele se recusa a se aprofundar na linguagem articulada. Quer que eu o tire de lá de todo jeito e ignora que o aprofundamento de nosso diálogo poderia talvez tê-lo salvado. Sua voz se tornou agora bastante clara, bastante humana. É quase a minha voz, mas muito mais tremida, mais cansada.

Como não posso, no momento, tirá-lo de lá, vem comigo nos meus passeios. Saio todos os dias. Espelho debaixo do braço, arrasto-me horas e horas pela cidade. Isso parece ter um efeito calmante sobre ele, que já conhece todas as ruas, todos os jardins públicos. Temos nosso café preferido, onde passamos nossas tardes intermináveis. Lógico, não falo com ele quando estamos na cidade. Ele também tem a decência de não me pedir mais para tirá-lo. Visitamos assim todos os museus, todas as igrejas, todos os monumentos.

É em casa que nossa história recomeça. Sei que ele compreendeu minha impotência e que ele faz um grande esforço para não me pedir nada. Mas seu silêncio me tortura ainda mais porque escuto sua respiração. Já não me questiono mais para saber se é a minha respiração ou a dele. Eu posso senti-lo dentro do meu espelho, tão vivo quanto eu, tão decepcionado quanto eu. Quando estamos fatigados demais de nossos passeios, lemos. Ponho o espelho na minha cadeira, sento na minha poltrona e leio para ele as novelas de Poe e de Borges.

Não, eu não poderia jamais tirá-lo de lá e ele entendeu. Agora falamos do tempo, dos preços e do trabalho. Digo: "Está um dia bonito hoje" e ele diz "Sim". Eu digo a ele: "O senhor Bartolomeu foi comido por animais bizarros" e ele diz "É mesmo?". Mas o que ele não sabe é que nesse meio-tempo eu pedi minha demissão e que saldei todas as minhas dívidas. Não posso deixá-lo assim e, já que eu não posso fazê-lo sair de lá, decidi entrar.

Adeus!

Dados Internacionais de Catalogação na Publicação (CIP)
(Câmara Brasileira do Livro, SP, Brasil)

Visniec, Matéi
  Teatro decomposto ou O homem-lixo / Matéi Visniec; tradução Luiza Jatobá. – São Paulo: É Realizações, 2012. – (Biblioteca teatral - Coleção dramaturgia)

  Título original: Théâtre décomposé ou l'homme-poubelle
  ISBN 978-85-8033-102-8

  1. Teatro francês (Escritores romenos) I. Título. II. Título: O homem-lixo. III. Série.

12-09532   CDD-842

Índices para catálogo sistemático:
1. Teatro : Literatura francesa 842

Este livro foi impresso pela Gráfica Vida & Consciência para É Realizações, em julho de 2012. Os tipos usados são da família Sabon LT Std e Helvética Neue. O papel do miolo é alta alvura 90g, e o da capa, cartão supremo 250g.